KATJA EICHINGER

MODE UND ANDERE NEUROSEN

Blumenbar

ISBN 978-3-351-05078-8

Blumenbar ist eine Marke der Aufbau Verlag GmbH & Co. KG
2. Auflage 2020
© Aufbau Verlag GmbH & Co. KG, Berlin 2020
Einbandgestaltung zero-media.net, München,
unter Verwendung einer Fotografie von © Christian Werner
Satz Greiner & Reichel, Köln
Druck und Binden CPI books GmbH, Leck
Printed in Germany

www.aufbau-verlag.de
www.blumenbar.de

KATJA EICHINGER

MODE
UND ANDERE NEUROSEN

ESSAYS

MIT FOTOGRAFIEN
VON
CHRISTIAN WERNER

Für meine Mutter

You haven't even scratched the surface
of my superficiality.

CLIFFORD LEO HARRIS, HEARTBREAK HOTEL

Dream Baby Dream.

INHALT

EINLEITUNG

Ich saß unter der Singer-Nähmaschine meiner Großmutter in Wolfhagen, einer Kleinstadt in Nordhessen, und beobachtete, wie ihre Füße auf der Wippe die Maschine zum Schnurren brachten. Es war warm in dem kleinen Nähzimmer. Der Stoff auf dem Schoß meiner Großmutter rutschte wie magisch hoch zur Nähmaschine. Ab und zu hielten ihre Füße inne, das Schnurren hörte auf und ein metallisches Klacken brachte die Holzplatte über meinem Kopf zum Vibrieren. Dann schnurrte es weiter. In den Händen hielt ich eine Blechdose mit Knöpfen. Einige waren mit Glitzersteinen besetzt. Die kramte ich heraus und legte sie in einem Muster vor mir auf den beigen Teppich mit den rostroten Blumen. Die Maschine schnurrte, meine Großmutter wippte, und ich war glücklich. Das ist eine meiner frühesten Kindheitserinnerungen.

Mode war für mich damals etwas, was man selbst herstellt und selbst bestimmt. Erst sehr viel später verstand ich, dass eine globale Industrie dahintersteht. Es dauerte eine Weile, bis ich lernte, dass die Dinge, die wir auf unserem Körper tragen, unsichtbaren Kräften unterliegen. Wahrscheinlich liegt es daran, dass ich Mode immer noch mit Glück und Kindheitszauber verbinde, mit diesem aufregenden Gefühl, sich im raschelnden Kleiderschrank meiner Mutter zu verlieren, dass mich diese Kräfte faszinieren.

Dass daraus ein ganzes Buch entstanden ist, verdanke ich Constanze Neumann, der Verlagsleiterin des Aufbau Verlags. Constanze war meine Lektorin bei »BE«, dem 2012 erschienenen Buch über meinen verstorbenen Mann Bernd Eichinger. Constanze und ich verbrachten einige sehr intensive Tage an der Côte d'Azur in Südfrankreich. Dort ist die Anhäufung von Mode-Neurotikern besonders hoch. Immer wieder blickt man dort in seltsam glatte, unbewegliche Gesichter. Bernd war gerade mal ein Jahr tot, und die Arbeit an »BE« war für mich nicht einfach. Die Unterhaltungen mit Constanze über Mode und die seltsamen Dinge, die Frauen im Namen der Schönheit tun, boten eine unterhaltsame Abwechslung. Ich erzählte ihr, dass ich mich während meines Studiums am British Film Institute auf Filmkostüme spezialisiert hatte und mich für Feminismus und Psychoanalyse interessierte. Auch dass ich früher viel für die *Vogue* und britische Zeitschriften wie *Dazed & Confused* und *Esquire* geschrieben hatte. Als Constanze wieder nach Hause fuhr, umarmte sie mich mit den Worten »und lass uns doch mal über ein Modebuch nachdenken.« Seither sind neun Jahre vergangen, und ich habe viel nachgedacht. Habe viel erlebt und einiges dazugelernt. Irgendwann war dann der Zeitpunkt erreicht, das alles aufzuschreiben.

Von Anfang an stand fest, dass das Buch bebildert werden sollte. Mode ist viel zu visuell, als dass ich auf Fotos verzichten wollte. Zunächst dachte ich an meine eigenen Fotos, aber fand es dann reizvoller, eine weitere Perspektive in das Buch einzubringen. Der Berliner Fotograf Christian Werner hatte mich im Herbst 2018 für einen Zeitungsartikel porträtiert. Wir hatten uns auf Anhieb verstanden. Als er mir seinen Fotoband über Los Angeles zeigte, war ich sprachlos. Er hatte diese Stadt, in der ich viele Jahre gewohnt hatte, genau so eingefangen, wie sie sich für mich anfühlt. Ich konnte gar nicht glauben, dass da jemand die Welt fotografiert, wie ich sie sehe. Und nicht nur das. Christian Werner verleiht der Realität eine witzige und zugleich melancholische Note, die uns ihr Wesen besser verstehen lässt. Er war mir während der Entstehung dieses Bandes ein wichtiger Gesprächspartner und die Arbeit mit ihm eine große Freude.

Eine Neurose, das ist der anhaltende Zustand, nicht zu wissen, was man will. *To be or not to be.* Shakespeares Hamlet ist der wohl berühmteste Neurotiker der westlichen Kulturgeschichte. Gefangen im ewigen Zweifel, verloren in der Ambivalenz der menschlichen Existenz. Wenn wir lieben, hassen wir auch, und wenn wir hassen, lieben wir zugleich. Wer uns frustrieren kann, kann uns auch zufriedenstellen. Und wer uns zufriedenstellen kann, kann uns auch zutiefst frustrieren. In jeder zwischenmenschlichen Beziehung zweier Individuen sind mindestens sechs Personen involviert: die beiden Personen, um die es geht; die beiden Personen, die diese beiden jeweils denken zu sein; sowie die beiden Personen, für die sie einander halten. Vielleicht auch noch die beiden Personen, die sie gerne sein würden und die beiden, vor denen jeder der beiden Angst hat. Kleidung, also die Art, wie wir unsere Körper unseren Mitmenschen präsentieren, ist essenzieller Bestandteil dieses ewigen Wechselspiels aus Missverständnissen, Täuschungsmanövern, Projektionen und Begehren. Kleidung hat immer eine symbolische Komponente, und es liegt in der Natur des Symbols, dass es miss- oder nicht verstanden wird. Denn ein Symbol ist immer offensichtlich und mehrdeutig zugleich. Der *gute Geschmack* soll uns von dieser Ambivalenz befreien. Soll sicherstellen, dass wir begehrlich sind und uns vor Lächerlichkeit beschützen. Der *gute Geschmack* will dauerhaft festlegen, wie wir etwas zu verstehen haben. Wie ein übel gelaunter Diktator, humorlos, paranoid und engstirnig, stampft er durch unsere Köpfe und macht sich wichtig. Befeuert von den Medien und den sozialen Netzwerken. Doch jeden Tag aufs Neue entmachten wir ihn. Verstoßen gegen seine Regeln, missverstehen, zweifeln. Und genau darin liegt die Schönheit des Menschlichen – und damit auch der Mode.

STREETWEAR ODER DIE FREIHEIT, DIE WIR MEINEN

Die meisten verarbeiten den größten Teil der Zeit,
um zu leben, und das bisschen, das ihnen von
Freiheit übrigbleibt, ängstigt sie so, dass sie alle
Mittel aufsuchen, um es loszuwerden.
WERTHER, »DIE LEIDEN DES JUNGEN WERTHER«

Es war ein lauer Frühsommertag am Starnberger See. Ich saß
mit Freunden im Biergarten und aß Rhabarberkuchen. An den
anderen Tischen ein geschmackvolles Meer aus Khaki und
weißem Leinen. Die liberale Bourgeoisie Münchens hatte sich
wieder einmal zu einem ästhetischen Ritual versammelt, um
sich daran zu erinnern, warum sie nicht in Berlin wohnt. Plötzlich fiel meinem Freund Matthias ein älterer Herr in Schwarz
auf. Er saß ein paar Meter entfernt mit dem Verleger Michael
Krüger in ein Gespräch vertieft. »Ist das nicht ...?«. Bevor
Matthias den Namen aussprechen konnte, flatterte sein Partner Gürsoy schon aufgeregt »Ja, ja, er ist es!« Ich kniff prüfend
meine nicht besonders leistungsstarken Augen zusammen. In
der Tat. Der Schopf weißer Haare und die leicht schiefe Nase
ließen keinen Zweifel. Bei dem Herrn in Schwarz handelte es

sich um Jürgen Habermas. Ich verschluckte mich kurzfristig an meinen Rhabarberstreuseln. Dies war ein außerordentlicher Moment. Ich befand mich nur wenige Bierkrug-Längen von einem der größten Denker unserer Zeit entfernt. Fast war ich noch sprachloser – wenn es denn eine Steigerung von sprachlos geben sollte – als an dem Tag, an dem ich in der Einkaufsschlange bei Karstadt hinter Elfriede Jelinek gestanden hatte.

Hier saß er nun, der Mann, der nachhaltig den Begriff der »Öffentlichkeit« geprägt und damit den Grundstein für die moderne Kommunikationstheorie geliefert hat. Habermas definierte in seiner 1962 veröffentlichten Habilitationsschrift »Strukturwandel der Öffentlichkeit« ein Idealmodell der Öffentlichkeit, bei dem alle Gesellschaftsgruppen Zugang zum öffentlichen Diskurs haben. Durch Vergleich der besten Argumente bildet sich dabei eine öffentliche Meinung, die zur politischen Entscheidungsfindung der Regierenden beiträgt. Das Volk klärt sich laut Habermas gegenseitig auf, um den Sieg der Vernunft zu gewährleisten. In einem Zeitalter, in dem der öffentliche Diskurs nicht so sehr von Ansichten, sondern von Algorithmen bestimmt wird, in dem Angst und Hass die sozialen Netzwerke überfluten, in dem Staatsoberhäupter und Nachrichtensender sich nicht mehr so sehr der Wahrheit, sondern eher Stimmungen und Unterhaltungswerten verpflichtet fühlen, wird einem bei so viel Glaube an Rationalität ganz warm ums Herz.

Und was war das Erste, das Habermas der Öffentlichkeit des Biergartens durch seine Anwesenheit kommunizierte? Welche Botschaft hatte einer der größten Denker unserer Zeit für uns in diesem Moment? In Absenz eines hörbaren Wortes waren es seine Turnschuhe, die am lautesten sprachen. Schwarze Turnschuhe mit weißer Sohle und auffällig weißem Logo der Marke Nike. Ein paar Jahre zuvor hatte er sich für den Kyoto-Friedenspreis mit einer Rede zum Thema »Freiheit und Determinismus« bedankt. Die Rede war damals im *Tagesspiegel* unter der Überschrift »Die Freiheit, die wir meinen« abgedruckt worden. Im Biergarten trug Habermas ein Paar Nike vom Modell »Free Ultra«. Ich war fertig mit den Nerven. Ob ihm die Ironie wohl bewusst war? Ich habe mich nicht getraut zu fragen.

Freiheit, das ist die Essenz des Turnschuhs. Mit einem Turnschuh ist man frei von Zwängen des normalen ledernen Schuhwerks; frei, um jeden Bewegungsdrang uneingeschränkt auszuleben. In diesem Sinn bedient der Turnschuh sowohl das Konzept der positiven als auch der negativen Freiheit, wie sie der Philosoph Isaiah Berlin 1958 in einer Vorlesung in Oxford definierte. Mit dem Turnschuh sind wir »frei von« (zum Beispiel Zwang, Not, Hunger, Gewalt) und »frei um zu« (zum Beispiel zu reden, reisen, schreiben). Dabei ist der Turnschuh unter dem Mode-Genre »Streetwear« einzuordnen. Zur »Streetwear« gehören auch Kleidungsstücke wie Baseball-Caps, T-Shirts, Sweatshirts, Hoodies oder Jogginghosen. Nicht bei allen »Streetwear«-Artikeln ist die Zwanglosigkeit und Bewegungsfreiheit so immanent wie beim Turnschuh. Aber trotzdem schwingt es immer mit: ein sowohl nebulöses wie verführerisches Versprechen von Freiheit. Was genau das ist, Freiheit, darüber debattiert die Menschheit schon sehr viel länger als seit Isaiah Berlins Vorlesung. Nämlich ungefähr seit 2300 Jahren, als Aristoteles über den freien Willen nachdachte. Aber weder Aristoteles noch Berlin noch andere Philosophen wie Immanuel Kant, Georg Wilhelm Friedrich Hegel, Jean-Jaques Rousseau oder Jean-Paul Sartre, die sich mit dem Konzept der Freiheit auseinandersetzten, trugen Nikes »Free Ultra«-Turnschuhe. Und weil es an dieser Stelle um »Streetwear« geht, will ich es bei Jürgen Habermas' Definition von Freiheit belassen:

> *»Der Handelnde ist dann frei, wenn er will, was er als Ergebnis seiner Überlegung für richtig hält. Als Unfreiheit erfahren wir nur einen äußeren Zwang, anders zu handeln, als wir nach eigener Einsicht handeln wollen.«*

So umreißt Habermas Freiheit in seiner Kyoto-Rede. Mit anderen Worten, laut Habermas sind Menschen dann frei, wenn sie in der Lage sind, aus einleuchtenden Gründen heraus eine persönliche Entscheidung zu treffen und entsprechend zu handeln. Entscheidungsfreiheit, also frei zu sein von Zwängen und Kontrolle durch Autoritäten, war denn auch von Anfang an das große Thema der Streetwear. Früher hätten wir Streetwear unter dem Begriff der Freizeitmode zusammengefasst. Und Freizeit, das ist ein Konzept, das in der industriellen Revolution gegen Mitte des 19. Jahrhunderts entstand. Es war die Freiheit, über die eigene Zeit verfügen zu können und sich nicht dem Diktat des Arbeitgebers unterordnen zu müssen, durch die sich damals die proletarische Kultur entwickelte. Wobei sich Massensportveranstaltungen und die damit verbundenen Riten emotionaler Enthemmung zu einem zentralen Element herauskristallisierten. Freizeit und Sport gehören denn für viele auch zusammen. Der eine Begriff wird mit dem anderen assoziiert. Doch weder das Sportstadion noch der Fußballplatz sind Orte, an denen man langfristig Zeit verbringt, und so wurde die Straße zum Aufenthaltsort der proletarischen Jugend. Nicht nur die aufregende, immer wieder romantisierte Straße urbaner Ghettos, sondern vor allem auch die nassen Bürgersteige der Vorstädte und Dörfer in der Provinz. Die Hauptbeschäftigung an diesen Orten ist das Nichtstun.

Ich wuchs in einem Dorf in der Nähe von Kassel auf, wo die Dorfjugend jeden Tag stundenlang auf der Mauer vor dem Edeka-Markt saß. Weil ich nicht die lokale Gesamtschule, sondern das altsprachliche Gymnasium in der Stadt besuchte, hatte ich, abgesehen vom Konfirmandenunterricht, wenig mit der Dorfjugend zu tun. Meine Mutter hätte wahrscheinlich einen Nervenzusammenbruch bekommen, hätte sie mich auf der Mauer gesehen. Aber auch ohne elterliches Einschreiten schien mir das Herumgesitze maximal unattraktiv. Nur um eine Sache habe ich sie beneidet, die Svens, Olafs, Nicoles und Christinas von der Mauer vor dem Edeka-Markt: ihre Adidas »Allround«-Turnschuhe.

Ein Leben ohne ein Paar Adidas »Allround«-Schuhe war für einen Teenager der achtziger Jahre eigentlich kein Leben. Man war für immer verdammt in die Zirkel der Uncoolness, in die meine Schule sowieso gehörte. In meiner Klasse gab es ein Mädchen, deren Eltern zu Hause Latein sprachen. Und es gab auch Kinder, denen die Eltern verboten, Jeans zu tragen. Wir gehörten also nicht unbedingt zur Speerspitze der modischen Avantgarde. Trotzdem gab es sie sogar am Kassler Friedrichsgymnasium, die »Allround«-Träger, die den Sprung aus der Antike in die modische Neuzeit geschafft hatten. Die Turnschuhe, die alle haben wollten, waren also nicht begrenzt auf die Straße beziehungsweise Mauern vor Edeka-Märkten. Vielmehr gehörten sie zu dem in den Achtzigern aufflammenden Markenbewusstsein wie der intensive Duft von Christian Diors Parfum »Poison« (verboten an meiner Schule) und Benetton-Pullover beziehungsweise die grünen Einkaufstüten der Benetton-Läden, die man stolz als Sportbeutel benutzte. Es ist heute kaum vorstellbar, aber globale Jugendmarken mit ikonischen Logos, deren Essenz einmal destilliert und dann unendlich oft wiederholt wird, gab es vor den Achtzigern nur sehr wenige.

Als 1981 MTV auf Sendung ging, veränderte sich das schlagartig. MTV machte allen vor, wie man die Sehnsüchte, Abneigungen und Ängste hormonell geplagter Teenager in ein Logo packen und ein globales Phänomen erschaffen konnte. Der Geruch von »Teen Spirit«, wie er 1991 von Nirvana besungen werden sollte, wurde von MTV extrahiert und zum Verkauf angeboten.

Der Turnschuh war zentraler Bestandteil der MTV-Ikonographie, verkörpert er doch spätestens seit den Ramones Rebellion und Selbstbefreiung von Zwängen.

Als Joschka Fischer 1985 bei seiner Vereidigung zum ersten grünen Minister Nike-Turnschuhe trug, löste er damit eine Welle der Empörung im bürgerlichen Lager aus. Fischer war einer der wichtigsten Vertreter der Alternativbewegung, die sich 1978 nach dem Deutschen Herbst formiert hatte. Anstelle des bewaffneten Widerstands der Roten Armee Fraktion wollte man eine alternative Gesellschaft innerhalb der Gesellschaft aufbauen, jenseits von starren gesellschaftlichen Normen und veralteten Denkweisen. Mit Fischers Vereidigung war klar: Die Alternativbewegung war im Begriff, die etablierte Gesellschaft zu erobern. Und seine Turnschuhe waren das Sinnbild für die Missachtung der alten Gesellschaftsordnung.

Auch mein verstorbener Mann Bernd zählt zu den Turnschuhrebellen der Achtziger. Einmal erzählte er mir, wie er Anfang der Achtziger, ohne groß nachzudenken einen Bayerischen Filmpreis in Jeans und Turnschuhen entgegennahm. Er hatte die Aufregung, die seine Kleidung auslöste, überhaupt nicht verstanden. Seine Aufmachung sei keine bewusste Provokation gewesen. Er habe andere Probleme gehabt, als über die Kleiderordnung bei so einer Veranstaltung nachzudenken. Also sei er einfach als er selbst erschienen. Die Empörung, die er mit seinen Turnschuhen auslöste, fand er völlig hysterisch. Aber ein »Dresscode«, also eine Kleiderordnung, das ist immer ein symbolischer, hochemotionaler Gesellschaftsvertrag. Insbesondere bei Preisverleihungen, deren Existenzberechtigung darin besteht, dass sich ein sozial-kulturelles Soziotop versammelt, um Wertigkeiten zu definieren. Wer diesen Vertrag ignoriert, wird vom System bestraft. Doch die Erinnyen

der Presse konnten Bernd nicht abschrecken. Er machte die Turnschuhe zu seinem Markenzeichen, dem er treu blieb.

Seitdem hat sich viel verändert. In den letzten zehn Jahren hat das Streetwear-Genre eine Explosion erlebt. 2017 wurde der Wert des New Yorker Streetwear-Labels Supreme mit einer Milliarde Dollar beziffert. Eine unfassliche Summe, wenn man bedenkt, wo die Ursprünge dieses Labels angesiedelt sind. Als eines der ersten Streetwear-Labels griff Supreme einen Trend auf, den der Kalifornier Shawn Stussy erstmals 1981 gesetzt hatte. Stussy gilt als Erfinder und Pionier der Streetwear. Der Mann, der nachhaltig beeinflusste, was wir heute immer noch tragen.

Stussy war Teil der kalifornischen Surf- und Skateboard-Szene und verdiente sein Geld, indem er Surfbretter baute und verkaufte. Damit gehörte er einer Anti-Establishment-Subkultur an, die sich durch Freiheit als Lebensgefühl und durch die Ablehnung der Kommerzfetischisierung der Reagan-Ära definierte. 1980 soll er zum ersten Mal seinen Namen mit zwei Umlautzeichen über dem »u« auf eins seiner Bretter gekritzelt haben. Als er im Jahr darauf zum ersten Mal seine Surfbretter auf einer Surfmesse verkaufte, ließ er vorher schwarze T-Shirts mit seinem Logo bedrucken. Am Ende der Messe hatte er weniger als 30 Surfbretter verkauft, aber Bestellungen für etwa 1000 T-Shirts entgegengenommen. Damit stieg Stussy ins Modegeschäft ein. Auf T-Shirts, Baseballkappen und Sweatshirts verarbeitete er visuelle Einflüsse aus der Hip-Hop-Szene, der Punk-Ästhetik von Bands wie den Sex Pistols oder The Clash, Reggae, dem Pop-Art Künstler Keith Haring, aber auch *Haute*

Couture, wie zum Beispiel das Chanel-Logo, in seinen Designs. Plakative Schriftzüge und Graphik entwickelten sich zu Erkennungsmerkmalen der Streetwear. Auch wenn Geld nie Stussys Hauptmotivation zu sein schien, so verbuchte die Marke Ende der achtziger Jahre doch einen zweistelligen Millionenumsatz.

Gleichzeitig wurde Stussys Stil von der New Yorker Hip Hop- und Skateboarding-Szene aufgegriffen. Run DMC und die Beastie Boys gehörten zu den Pionieren des Streetwear-Stils. James Jebbia hatte 1991 den ersten Stussy-Laden in New York eröffnet. 1994 gründete er sein eigenes Label Supreme und eröffnete einen Laden auf der Lafayette Street in SoHo. Neben Keith Harings Pop-Up-Store war es der einzige Laden in der Gegend. SoHo war damals heruntergekommen und leer. Der ideale Ort für Skater. Während Stussy 1996 aus seinem Unternehmen ausstieg, um nach eigenen Angaben »mehr Zeit auf Hawaii« zu verbringen, begann Supreme mit Marken wie Nike, Fila und North Face zusammenzuarbeiten.

Ich lebte damals in London. Skater waren mir egal. Es drehte sich alles um Musik. Und ob nun bei Bands wie den Stone Roses oder den Happy Mondays, Drum 'n' Bass oder Techno Clubs – Streetwear war überall. Raves, Musikfestivals und die Clubkultur der Neunziger forderten Kleidung, in der man tanzen, in Autos oder auf Sofas übernachten konnte. Streetwear war dafür ideal. Heute schließen die Clubs, und ironischerweise werden stattdessen Streetwear-Läden eröffnet, in London ebenso wie in New York. SoHo, die Heimat von Supreme, ist mittlerweile ein Epizentrum des Konsums.

Der Stadtteil ist zu einer riesigen Shopping-Mall mutiert. Eine globale Marke reiht sich an die nächste. Jebbias Unternehmen folgte einer ähnlichen Entwicklung. 2017 verkaufte Jebbia fünfzig Prozent von Supreme für 500 Millionen Dollar an die Equity-Firma The Carlyle Group. Trotzdem hat es Supreme geschafft, nach außen hin das Erscheinungsbild der authentischen Indie-Marke zu wahren. Supreme produziert Kleidungsartikel in geringer Auflage und informiert treue Kunden per E-Mail über deren Verkauf. Dadurch entstehen lange Schlangen vor den Geschäften, die Begehrlichkeit wecken. Der Supreme-Shop ist kein strahlender Konsumtempel, sondern weiterhin ein Nischenort für die Gemeinschaft der Supreme-Fans. So positioniert sich Supreme erfolgreich als Alternative zum kapitalistischen Mainstream. Das Image von Authentizität und Rebellion wird trotz des Massenerfolgs aufrechterhalten.

Der Erfolg von Supreme ist emblematisch für die zunehmende Durchdringung der Modewelt durch Streetwear. Der Trend zu einer weniger formellen Mode, die Kunden größere Bewegungsfreiheit bietet, hat schon in den zwanziger Jahren mit Coco Chanels »flapper dress« begonnen. Chanels Mode war bequem und praktisch. Ihr Einfluss ist besonders bei amerikanischen Designern wie Ralph Lauren, Donna Karen und Calvin Klein spürbar, die die Betonung auf Funktionalität legen. Doch als das Pariser Design-Kollektiv Vetements 2015 so weit ging und mit übergroßen Sweatshirts und klobigen Turnschuhen (die sogenannten »Ugly Sneakers«) die Streetwear-Ästhetik in seine Herbst/Winter-Kollektion integrierte, war das eine Sensation. Was Vetements da tat, war elektrisierend, und ihre Modeschauen waren hochantizipierte Zeitgeist-momente. Der Turnschuh hielt nun auch bei anderen Labels auf dem Catwalk Einzug. Vetements-Designer Demna Gvasalia wurde noch im selben Jahr zum Chefdesigner des Luxuslabels Balenciaga ernannt. Auch hier verwendete Gvasalia Zitate aus der Freizeitmode des Proletariats. Die karierten Tragetaschen, wie man sie aus deprimierenden Waschsalons kennt, ebenso wie die »Bum Bag« oder Gürteltasche, bisher modisches Er-kennungsmerkmal von Straßendealern, wurden mit Balen-ciaga-Logo versehen und für horrende Preise verkauft. Mit großem Erfolg. Der Umsatz Balenciagas ging durch die Decke. Louis Vuitton, ein Label, das durch seine große Logo-Präsenz schon vorher eine Affinität zur »Bling«-Kultur der Rap-Szene hatte, zog nach und ernannte Virgil Abloh zum Designer der Louis Vuitton-Männerkollektion. Abloh hatte 2013 das Design Label Off-White gegründet, das bewusst Streetwear mit Zi-taten aus Kunst, *Haute Couture*, Musik, und Architektur ver-bindet (Abloh studierte Ingenieurswesen und Architektur). Abloh zählt den Objektkünstler Marcel Duchamp und des-sen *readymade*-Skulpturen zu seinen wichtigsten Einflüssen und wurde gleichzeitig durch seine Kollaborationen mit den Rappern Jay-Z und Kanye West berühmt. Abloh, der auch als DJ auflegt, sieht sein kulturelles Zuhause in der *sample culture,* dem freien Spiel der Einflüsse, zwischen Exklusivität und Mas-senware, zwischen traditionellen Vorstellungen von Kunst und Kommerz. Der Aufschrei war groß, als Abloh mit seiner ers-ten Louis Vuitton-Schau nicht so sehr die Streetwear zitierte, sondern sie zur Basis seiner Kollektion machte. Ähnlich wie

1966, als Yves Saint Laurent als erster Pariser Couturier mit Yves Saint Laurent Rive Gauche ein *Prêt-à-Porter*-Label ins Leben rief und dabei ein jüngeres, weniger exklusives Publikum ansprach, wurde Abloh beschuldigt, den »Untergang der Mode« herbeizuführen. Wie von Balenciagas Waschsalon-Taschen vorgeführt, hatte sich mit Ablohs Kollektion die Fahrtrichtung von Einflüssen verkehrt: War es bisher so gewesen, dass die Ideen der *Haute Couture* langsam nach unten in den Massenmarkt sickerten, filterte Abloh den Massenmarkt nach oben. Das Vulgäre wurde zum guten Geschmack erhoben. Als »vulgär« wird von den Hütern des guten Geschmacks das bezeichnet, was exzessiv, übertrieben, ausufernd, was zu populär ist. »Vulgär« ist immer auch ein Begriff der sozialen Ausgrenzung, besagt er doch, dass ein vulgärer Mensch nicht das kulturelle Wissen besitzt, um Einlass in höhere sozio-ökonomische Schichten zu erhalten. Indem Abloh die exzessive Ikonographie von Rap, Streetwear und Massenmarkt in die Luxusmode einführte, verband er Popularität mit Exklusivität und damit auch die modischen Zeichen verschiedener sozio-ökonomischer Klassen.

Während der Unruhen der Gelbwestenbewegung in Frankreich ging ich im Dezember 2018 durch die Innenstadt von Paris. Die Schaufenster der Luxusmodehäuser wie Louis Vuitton und Hermès waren mit Brettern verbarrikadiert. Der Balenciaga-Laden war komplett leergeräumt. Balenciaga hatte offensichtlich Angst, dass die Bewohner der Arbeiterviertel die Läden plündern und stürmen würden. Die perverse Ironie des leeren Balenciaga-Ladens war, dass die Kleidung, die man dort hätte plündern können, quasi eine Kopie der Kleidung der Plünderer war.

Virgil Abloh wird mittlerweile schon als der neue Andy Warhol gehandelt. 2019 eröffnete Abloh im Museum of Contemporary Art Chicago die Ausstellung »Figures of Speech« über seine Arbeit und Einflüsse. Ablohs Ästhetik ist nicht mehr im Lokalen oder vermeintlich Authentischen verankert, wie zum Beispiel bei Supreme. Vielmehr verschmilzt seine Bildsprache mit der Ikonographie der globalen Celebrity-Kultur. Einer Ästhetik, die einerseits immer noch für Rebellion und Subversion steht, andererseits eine Milliardenindustrie befeuert, die generations- und klassenübergreifend funktioniert. Abloh bezeichnet Inklusivität als zentrales Element seiner Ästhetik. Tatsächlich scheint die populäre Ästhetik von Streetwear auf den ersten Blick wie ein magischer Katalysator zu wirken, der Klassenunterschiede beseitigt. Aber nur weil sie sich ähnlicher stilistischer Referenzen bedienen, heißt das noch lange nicht, dass die Streetwear des Massenmarktes und die Streetwear der Luxushäuser identisch sind. Allein das Preisschild verhindert, dass es sich bei Streetwear um den Mao-Anzug des Kapitalismus handeln könnte. Die Kodierungen haben sich verändert, sind vielleicht für das untrainierte Auge schwerer lesbar geworden, aber eine modische Manifestation des Habermas'schen Öffentlichkeitsideals ist Streetwear bei Weitem nicht. Gucci verkauft gerade eine Neuauflage des *Shell Suits*, also ein raschelnder Trainingsanzug, wie er in den Neunzigern vor allem in den Sozialwohnungswüsten der Unterschicht getragen wurde. Ob das Zitat für die typischen Gucci-Kunden verständlich ist, bleibt offen. Aber eins ist klar: Gleicher wird unsere Gesellschaft deswegen nicht.

Der Vormarsch der Streetwear zeigt, dass Freiheit mehr denn je zu einem vermarktbaren Gut geworden ist. Eine Ware. In einer Welt, in der es normal geworden ist, dass private Gespräche abgehört werden, in der wir über Mobiltelefone und Kreditkarten permanent überwachbar sind, in einer Welt, in der *Liberté, Egalité* und *Fraternité* zunehmend durch *Securité*, *Securité* und *Securité* ersetzt werden, einer Welt, in der der Graben zwischen Arm und Reich immer größer wird, ist es ironisch, aber vielleicht auch logisch, dass ein Modegenre avanciert, das Freiheit suggeriert. Freiheit hat sich eingereiht in das Vokabular der Vermarktungssprache. Einer Sprache, der sich nicht einmal Jürgen Habermas entziehen kann. Denn auch wenn er die Turnschuhe nur gekauft hat, weil sie so verdammt bequem sind, so trägt er dabei Nikes »Free Ultra «-Vermarktungskonzept mit sich herum. Es scheint so, als ob die Habermas'sche Rationalität der globalen Marketingindustrie hilflos ausgeliefert ist. Und damit droht auch noch der letzte Rest Glaube an eine vernunftgesteuerte Öffentlichkeit im digitalen Strudel der Affekte unterzugehen. Ja, wir sind frei, Konsumentscheidungen zu treffen. Wir können wählen zwischen Handyverträgen, Lebensversicherungen, Urlaubsorten, zwischen Nike oder Adidas, zwischen Puma oder Reebok. Aber das ist keine Wahl. Und das wissen wir.

JENSEITS DES PENISNEIDS.
DIE DESIGNERHANDTASCHE

Meine Mutter ist, wie man so sagt,
nicht ganz sie selbst heute.
ANTHONY PERKINS, »PSYCHO«

Meine Freundin Karen hatte mich vom Flughafen in Manchester abgeholt. Eine lange Autofahrt lag vor uns. Wir verstauten ihre zwei kleinen, sehr lebhaften Kinder auf den Rücksitzen, zusammen mit all den Taschen, Spielzeug und den ganzen Gegenständen, die einem beim Packen so unabdingbar erscheinen und mit Verlassen des Hauses sofort völlig überflüssig sind. Dann begann Karen mit wachsender Verzweiflung in ihrer großen Hippiehandtasche zu kramen. Irgendwann fand sie, was sie suchte, und sank mit einem Seufzer der Erleichterung auf den Fahrersitz: »Wie machen das andere Frauen nur? Dass bei denen alles in so kleine Handtaschen passt?« »Die denken halt sehr viel über ihre Handtaschen nach«, sagte ich. Woraufhin Karen mich mit großen Augen anschaute und – ich hatte offensichtlich einen Nerv getroffen – mit fast schon empörter Ratlosigkeit feststellte: »Ja! Diese Handtaschen-Obsession. Was ist das nur? Ich verstehe das einfach nicht!« Dann fuhr sie mit quietschenden Reifen aus der Parklücke, und ich lachte. Es ist nämlich so, dass Karen den berühmtesten Handtaschennamen der Welt trägt: Birkin. Karens Schwägerin ist Jane Birkin, die englische Sängerin und Schauspielerin. Nach ihr ist die Birkin Bag des Labels Hermès benannt.

Jane Birkin, obwohl in Großbritannien geboren, ist die Versinnbildlichung französischen Chics: Sexy, lässig, nie zu bemüht und immer individuell. Sie und ihr damaliger Partner, der Musiker und Provokateur Serge Gainsbourg, waren das französische Glamour-Paar der späten Sechziger und Siebziger. Ihr gemeinsamer Song »Je t'aime ... moi non plus« wurde in vielen Ländern aufgrund seines eindeutigen Inhalts von Radioanstalten verboten und avancierte zur Hymne der sexuellen Revolution.

Jane Birkin ist eine viel kopierte Stilikone. Sie verbindet Natürlichkeit, Eleganz und Erotik, ohne dabei jemals zu wirken, als hätte sie viel über ihr Äußeres nachgedacht. Fotos von ihr tauchen ständig auf Moodboards von Modedesignern oder Werbeagenturen auf. Vor allem aber wird ihr Name mit der berühmtesten Handtasche der Welt verbunden. Dabei war es ein schlichter Strohkorb, den sie jahrelang als Handtasche benutzte und auch in einem glitzernden Abendkleid am Arm trug. Der schlichte Strohkorb war exzentrisch und bildete einen wunderbaren Bruch zu ihrem glamourösen Image. Doch 1983, so besagt es die Handtaschen-Legende, flog Jane Birkin von Paris nach London. Neben ihr im Flugzeug saß Jean-Louis Dumas, der Vorstandsvorsitzende und Kreativdirektor des Modelabels Hermès. Als Jane ihren Strohkorb verstauen wollte, fiel der gesamte Inhalt heraus und verteilte sich auf dem Boden des Flugzeugs. Alles sehr nervig. Dumas fragte Jane, warum sie denn keine normale Tasche besäße, zum Beispiel eine von Hermès. Birkin erklärte ihm, dass sie noch keine mit genügend Stauraum gefunden hatte, die ihr gefiel. Im Jahr darauf kreierte Dumas eine schwarze Tasche aus weichem Leder speziell für Jane Birkin und benannte sie nach ihr. Eine Tasche mit sicheren Deckelklappen und Verschluss, damit auch ja nichts herausfallen konnte.

Seitdem ist die Birkin Bag zur begehrtesten und mit Abstand teuersten Tasche der Welt avanciert. Hermès stellt jedes Jahr nur eine begrenzte Anzahl des Modells her. Die Warteliste ähnelt der für einen Trabant zu DDR-Zeiten. Auch die Preise liegen auf Automobil-Niveau. Ein einfaches Modell liegt bei ungefähr 10 000 Euro. Der Rekord, der für eine Birkin Bag erzielt wurde, liegt derzeit bei 338 000 Euro. Bei letzterer handelt es sich um das Modell »Himalaya« aus mattweißem Krokodilleder, mit Schnallen aus 18-karätigem Gold und mit 205 Diamanten besetzten Griffen. Also ungefähr das genaue Gegenteil eines Strohkorbs, wie Birkin ihn vor der Birkin Bag getragen hatte. Ein Exemplar der »Himalaya« wurde bei Christie's in einer Auktion im Dezember 2018 in London versteigert und erzielte dort einen Rekordpreis. Damit ist die Birkin Bag nicht nur ein Sammler-, sondern auch ein Anlageobjekt. Birkin Preise steigen garantiert. In Zeiten von niedrigen Zinsen und unruhigen Aktienmärkten bildet sie eine neuartige Währung. Dazu ist die Tasche pflegeleichter als eine Eigentumswohnung, und im Gegensatz zu Kunst und Antiquitäten kann sie problemlos durch den Zoll getragen werden.

Da saß ich also mit Karen im Auto, kurvte an dicken weißen Schafen vorbei durch das hügelige Wales und überlegte. Was soll dieser Handtaschenwahn? Mit dem unverkrampften Lebensgefühl ihrer Namensgeberin hat dieser ganze Birkin Bag-Irrsinn nichts zu tun. Warum so viel Geld und Energie für einen Gegenstand ausgeben, dessen Zweck auch eine Jutetasche für einen Euro erledigen könnte? Wie kann sich ein Mythos so verselbstständigen? Auf clevere Marketingstrategie und Begehrlichkeiten durch Exklusivität allein kann man das nicht reduzieren. Wie kann eine Handtasche zu einem solchen Objekt der Begierde werden?

Dabei geht es ja nicht nur um Birkin Bags. Die Birkin Bag ist der Heilige Gral der Handtaschen-Religion. Sie ist aber bei Weitem nicht die einzige *icon bag*, für die es Wartelisten gibt und für die Kundinnen bereit sind, horrende Preise zu zahlen. Chanel, Celine, Louis Vuitton, Valentino, Saint Laurent, Chloé, Ferregamo, Fendi, Burberry – alle großen Modehäuser haben mittlerweile Taschen in ihren Kollektionen, die mehrere tausend Euro kosten. Hier wird – neben den Parfums, Sonnenbrillen und Make-up – das eigentliche Geld verdient. Die Träume der *Haute Couture*-Kollektionen sind hauptsächlich dazu da, Lederwaren zu verkaufen, die wie Reliquien ausgeleuchtet auf den Regalen der exklusiven Modeboutiquen thronen. Laut dem Online-Portal »The Business of Fashion« ist der globale Markt für Designerhandtaschen in den letzten zehn Jahren um etwa acht Prozent auf etwa 58 Milliarden Dollar jährlich gewachsen. Es wird erwartet, dass der Markt bis 2023 noch um weitere fünf Prozent wächst. Luxus-Online-Händler wie net-a-porter.com oder mytheresa.com füttern dieses Wachstum. Anders als bei tatsächlichen Boutiquen, bei denen man das Objekt seiner Begierde nach erfolgreichem Verlassen des Ladens wieder vergessen kann, lassen einen Online-Händler nicht mehr aus ihren Klauen. Wenn man einmal eine der Webseiten für Luxusmode besucht und sich eine der Taschen darauf angeschaut hat, wird man für die nächsten fünf Wochen per Online-Werbung daran erinnert. Egal welche Website man besucht, überall starrt einem die Tasche entgegen. Und in einem schwachen Moment, wenn sie müde und überdreht zugleich mit ihrem Laptop auf dem Sofa liegt, gibt die eine oder andere Frau dann eben doch nach und stürzt sich in außerordentliche Unkosten. Kauft die Tasche in der Hoffnung, dass jetzt, mit dieser neuen, teuren Gefährtin an ihrer Seite alles besser wird. Dass sie durch die *icon bag* selbst zu einer kleinen Ikone wird.

Dabei ist die Handtasche eine relativ neue Erfindung. Vor dem ersten Weltkrieg war es die Aufgabe von Angestellten, Damen aus den oberen Gesellschaftsschichten die Notwendigkeiten des Alltags hinterherzutragen. Frauen versteckten kleine, persönliche Gegenstände entweder in ihren Gewändern oder in verzierten *Reticules* aus Stoff, die am Handgelenk getragen wurden. 1841 ließ der britische Industrielle Samuel Parkinson verschiedene Handtaschen aus Leder für seine Ehefrau herstellen. Er hatte bemerkt, dass ihre Taschen für ihre persönlichen Gegenstände allesamt zu delikat waren, als dass sie die Strapazen von Reisen überstanden hätten. Er gab diese Taschen bei H. J. Cave in Auftrag, einem Londoner Hersteller für luxuriöses Reisegepäck. Die so entstandenen Handtaschen unterschieden sich deutlich von den Taschen aus teppichartigem Material, das von Frauen der unteren sozialen Schichten verwendet wurde.

Doch erst 1918, nach Ende des Ersten Weltkrieges, gewann die Handtasche, wie wir sie heute kennen, einhergehend mit der zunehmenden Unabhängigkeit und Emanzipation der Frau, an Popularität. Mit dem eigenen Geld, dem eigenen Bankkonto, dem eigenen Zigarettenetui und dem zunehmend populären Lippenstift kam auch die eigene Tasche. Aus dem praktischen Accessoire entwickelte sich eine tragbare Intimzone.

Frauen tragen gefühlt ihr halbes Leben in ihren Handtaschen (das und viele Krümel, Kleingeld, Tampons, Lippenstifte, kaputte Kulis, abgebrochene Kajalstifte, zusammengeknüllte Quittungen und Geschäftskarten von Leuten, an die man sich nicht mehr erinnert). Und je größer die Tasche, desto schwerer das Leben. Es soll auch Frauen geben, deren Taschen aufgeräumt sind. Aber ich kenne nur Taschen, die aussehen wie das erwachsene Äquivalent eines chaotischen Teenager-Zimmers. Ähnlich wie unsere Träume speichern Handtaschen unsere Vergangenheit und gleichzeitig unsere paranoiden Phantasien, was in der Zukunft passieren könnte. Jemandem Einblick oder gar Zugriff zu seiner Handtasche zu gewähren, ist ein Akt ultimativen Vertrauens.

Ich hatte mal einen Liebhaber, der – und daran hätte ich eigentlich sofort merken sollen, dass der Mann unüberwindbare Probleme hatte – nicht in der Lage war, auch nur für zwei

Minuten meine Handtasche zu halten. Wenn ich zum Beispiel einmal mein Fahrrad anketten wollte und ihm mit den Worten »Kannst du mal bitte kurz?« die Tasche hinhielt, starrte er mich an, als wäre ich die Mumie der ausgestopften Mutter in Alfred Hitchcocks Film »Psycho«. In »Psycho« spielt Anthony Perkins den Mörder Norman Bates, der seine herrschsüchtige Mutter erstochen und als Mumie ausgestopft hat. Als seine Mutter gekleidet, mordet er, überzeugt, dass die Taten nicht er, sondern seine »kranke« Mutter begeht. Der Film handelt, wie so viele von Hitchcocks Werken, von der Bedrohung durch die übermächtige und überfürsorgliche Mutter. Vom ödipalen Horror, der die Psyche des Mannes terrorisiert. Und nun stand ich da – mit dem Fahrradschloss in der einen und der Handtasche in der anderen Hand. Vor mir dieser Low-Fi-Norman, der mit Terror in den Augen auf meine Handtasche starrte. Dass er nicht laut »Nein!« schrie, fehlte gerade noch. Aber der kreischende »Psycho«-Soundtrack hätte perfekt zu diesem Moment gepasst.

Ich fand das alles sehr rätselhaft, bis ich ein Fernsehinterview mit dem britischen Künstler und Turner-Prize-Gewinner Grayson Perry sah. Perry ist Transvestit und mit der Psychoanalytikerin und Autorin Philippa Perry verheiratet. Begehren, Sexualität, Verdrängung, Scham, Angst – also die zentralen Themen der Psychoanalyse und ihre symbolische Manifestation – beschäftigen ihn. In dem Fernsehinterview redete er über die sexuelle Symbolik der Frauenhandtasche. Dass die Handtasche seiner Ansicht nach die weiblichen Geschlechtsorgane verkörpere. Eine Handtasche sei, so Perry, Uterus und

Vagina zugleich. Und weil er ein *cross dresser* beziehungsweise Transvestit ist und Gender-Symbolik gerne in ihr Gegenteil verkehrt, hat Perry denn auch eine Lederhandtasche in Form von Hoden hergestellt. Sogar mit einer Schnalle, die aussieht wie ein kleiner Penis – inklusive *Prince Albert*-Piercing. Perrys sogenannter *Scrotal Sac* ist sehr hochwertig verarbeitet und erst auf den zweiten Blick als Hoden erkennbar. Trotzdem hat die Tasche so gar nichts Begehrenswertes. Sie ist das Gegenteil eines *objects of desire*. Etwas an ihr stimmt nicht. Dieses Gefühl der Unstimmigkeit beim Anblick des *Scrotal Sacs* scheint Perrys Theorie zu beweisen: Wir wollen keine männlichen Genitalien am Arm tragen (auch nicht, wenn sie auf den ersten Blick nicht als solche zu erkennen sind), weil die Lust für Frauen und Transsexuelle bei der Handtasche darin liegt, Symbole weiblicher Genitalien mit sich zu führen. Und stolz darauf zu sein.

So ganz originell ist Perrys These allerdings nicht. Sigmund Freud beschreibt in »Vorlesungen zur Einführung in die Psychoanalyse«, dass im Traum das weibliche Genital symbolisch durch alle Objekte dargestellt wird, die

> »*seine Eigenschaft teilen, einen Hohlraum einzu-*
> *schließen, der etwas in sich aufnehmen kann. Also*
> *durch Schachte, Gruben und Höhlen, durch Gefäße*
> *und Flaschen, durch Schachteln, Dosen, Koffer,*
> *Büchsen, Kisten, Taschen.*«

Freuds psychoanalytische Thesen, insbesondere zur Traumanalyse, sind deswegen so interessant in Bezug auf Kleidung und Mode, weil diese immer auch auf symbolischer Ebene funktionieren. Ähnlich wie unsere Träume sind die Kleider, die wir auf unseren Körpern tragen, zutiefst persönlich. Sie unterliegen unseren persönlichen wie allgemeinen Interpretationen. Ihre Bedeutung ist einerseits offensichtlich, andererseits aber nicht selbsterklärend. Ein Kleidungsstück ist ein Zeichen und Mysterium zugleich. Wir glauben zu wissen, was wir mit unseren Kleidern und Accessoires aussagen, und doch versteht niemand die Sprache, die er täglich spricht. Ihre Bedeutung wird jeden Tag aufs Neue verhandelt. Versuche, nicht verhandelbare Kleidungsstücke zu schaffen – Uniformen oder Chanels »Kleine Schwarze« – scheitern immer wieder daran, dass Mode und Kleidung zutiefst ambivalent und ihre Bedeutung jeweils vom Kontext abhängig sind. Die Kleidung, die wir an unseren Körpern tragen, hat einen außerordentlichen Effekt darauf, wie wir unsere Körper wahrnehmen und mit unseren Körpern Lust verspüren. Gleichzeitig existieren unsere Kleider nur mit unseren Körpern. Unsere Körper erwecken unsere Kleider zum Leben. Unser persönlicher Geschmack, unsere Vorlieben und Abneigungen sind uns selbstverständlich, und dennoch ist ihr Ursprung genauso mysteriös wie die Dynamiken mitmenschlicher Beziehungen.

Als Kleinkinder übte die Kleidung der Mutter beziehungsweise unserer wichtigsten Bezugsperson eine unwiderstehliche Magie auf uns aus. Zu den aufregendsten wie schönsten Erinnerungen meiner Kindheit gehören die Momente, wenn ich meiner Mutter zusah, wie sie sich zum Ausgehen kleidete und schminkte. Gleichzeitig sind die Kleider der Mutter auch ein Weg für das Kind, die Gefühle der Mutter oder Bezugsperson zu interpretieren. Einer Person, die uns einerseits Liebe geben und versorgen kann, andererseits aber auch – und darin liegt von Anfang an das Paradox der Liebe – zutiefst frustrieren kann. Kleidung, das ist immer auch ein Weg, das widersprüchliche Wesen Mutter zu verstehen. Gleichzeitig ist unsere eigene Kleidung ein Platz, auf dem die Loslösung von unserer Bezugsperson und unsere Eigenständigkeit verhandelt wird. Wenn ein Kind sich selbst anzieht, ist das ein wichtiger Schritt in der Entwicklung der eigenen Identität.

Freud hat uns mit der Psychoanalyse eine Sprache gegeben, um über die Phänomene des Alltags zu reden, die wir alle kennen, aber Schwierigkeiten haben, zu benennen. Vor allem die Sprache des Begehrens. Denn während uns für unsere Abneigungen und Abscheu ein breites Vokabular zur Verfügung steht, fallen wir bei unseren Vorlieben, Freuden und Lustgefühlen leicht auf kraftlose Superlative zurück. Ähnlich wie Kleidung ist Psychoanalyse denn auch immer der Versuch, Lust zu kommunizieren. Ein paar Stunden am FKK-Strand beweisen, dass Körper ohne Kleidung schnell langweilig werden. Sie hören auf, uns zu interessieren, verlieren ihr Lustpotenzial. Indem wir uns kleiden und uns mit Accessoires schmücken, stellen wir sicher, dass unsere Körper interessant bleiben. Das ewige Wechselspiel der Mode – das Spannungsverhältnis zwischen Zeigen und Verbergen, all die Emotionen, Gedanken und Diskussionen, die wir darin investieren – ihr Sinn liegt vor allem darin zu verhindern, dass die Welt sich in einen riesigen FKK-Strand verwandelt.

Wenn wir Handtaschen also auf der symbolischen Ebene betrachten, ist es interessant, sie mit weiblichen Genitalien zu assoziieren. All die ledernen Objekte mit ihren Griffen, Schnallen und Henkeln, die perfekt ausgeleuchtet in den schimmernden Schaufenstern der Luxusboutiquen thronen? Vaginas. Das scheußliche Ding, das Ihre Chefin neuerdings mit sich herumschleppt? Nun, vielleicht erzählt Ihnen Ihre Chefin gerade mehr über sich, als ihr lieb ist. Das ist eben auch so eine Sache mit Kleidung und Mode: Sie soll uns schützen und vor Erniedrigung bewahren, kann uns aber auch der Lächerlichkeit preisgeben. Scham – also die pulsierende Wunde im Zentrum der Psychoanalyse – ist denn auch das zentrale Thema der Mode. Wir kaufen unsere Handtaschen, diese Bollwerke aus Leder, auch, um uns vor Scham zu schützen.

Die Frage ist nun, ist der symbolische Bezug zur weiblichen Sexualität der Grund für die derzeitige Explosion im Handtaschenmarkt? Schutz und Inszenierung, ist das die Erklärung, warum seit einigen Jahren immer mehr Frauen bereit sind, Unsummen für Designerhandtaschen auszugeben? Diese Marktentwicklung geht in der Tat einher mit der neuen Welle der Emanzipation, die wir in den letzten Jahren erlebt haben. Langsam, aber sicher brechen Frauen durch die metaphorische Glasdecke und erobern die Führungsetagen. Sexuelle Belästigung wird nicht mehr hingenommen, nicht mehr verschwiegen, nicht mehr schamvoll verinnerlicht. Vielleicht sollten wir es deshalb als etwas Positives bewerten, dass Frauen ihre symbolische Weiblichkeit als etwas so Wertvolles betrachten, dass sie bereit sind, viel Geld dafür auszugeben.

Die Designerhandtasche ist zum weiblichen Statussymbol geworden. Die New Yorker Autorin Wednesday Martin beschreibt in ihrem Buch »Primates of Park Avenue«, wie die reichen Frauen der New Yorker Upper East Side ihre Birkin oder Celine wie Monstranzen vor sich hertragen. Das dicke, handgenähte Leder, die unverwüstlichen Metallverschlüsse, die sofort wiedererkennbaren Formen, das alles signalisiert sofort: Ich habe Geld und Einfluss. Jegliche Ambivalenz bezüglich der eigenen Identität hat ein Ende. Die Exklusivität der Tasche erlöst ihre Trägerin von jedem Verdacht der Gewöhnlichkeit. Diese Handtaschen haben das, was Walter Benjamin in seinem berühmten Essay »Das Kunstwerk im Zeitalter seiner technischen Reproduzierbarkeit« als »Aura« beschreibt. Da mittlerweile alles kopiert und massenproduziert werden kann, verlieren Artefakte an Wert. Doch durch ihre Exklusivität und all die soziokulturellen Rituale, in deren Zentrum diese Handtaschen stehen – zum Beispiel, dass ein Ehemann seine Frau mit einer Birkin »belohnt«, wenn ihr gemeinsames Kind in eine exklusive Schule aufgenommen wird – erhält eine Ware eine Aura und damit eine Wertigkeit. Diese Aura soll der Besitzerin helfen, sich von der Masse abzugrenzen. Ein Schutz gegen die Gewöhnlichkeit und all die Unreinheiten, die diese mit sich bringt. Beruhigungsmittel gegen soziale Panik.

In den achtziger Jahren gab es in Großbritannien eine politische Satiresendung namens »Spitting Image«, in der Politiker und Personen des öffentlichen Lebens von Gummipuppen parodiert wurden. Die Margaret Thatcher-Puppe trug dabei immer eine Handtasche, mit der sie wild um sich schlug und die anderen Puppen attackierte. Die *Iron Lady* und ihre eiserne Handtasche. Daran muss ich immer denken, wenn ich auf der Upper East Side unterwegs bin und diese perfekt geföhnten Wesen mit ihren *weapons of mass destruction* am Arm sehe. Natürlich schlagen sie nicht wie die Thatcher-Puppe um sich. Aber Birkin Bags und all die anderen Designer-Vaginas einer gewissen Preisklasse sind nichts anderes als stumme Symbolsprache. Sie kommunizieren soziale und ökonomische Macht. Diese Handtaschen sind tragbare Panzer im ewigen Krieg gegen die Bedeutungslosigkeit.

Natürlich funktioniert diese Sprache nur, wenn die Beteiligten ihrer mächtig sind. Ich selbst hatte früher keine Ahnung. Ich war eine Handtaschen-Analphabetin und kaufte mir immer irgendwelche alten Taschen in Secondhandläden. Bis ich in einem kleinen Vintage-Laden in Südfrankreich meine Unschuld verlor. Dort erstand ich eine Kelly Bag von Hermès, der etwas kleinere Vorläufer der Birkin. Die Tasche ist benannt nach Grace Kelly, dem Fünfziger-Jahre-Hollywoodstar und Versinnbildlichung der kühlen Blondine. Die legendäre Kostümdesignerin Edith Head hat Kelly mit dieser Tasche in dem Alfred Hitchcock Film »Über den Dächern von Nizza« (1955) ausgestattet. Kelly gefiel die Tasche so sehr, dass sie sie behielt und nach ihrer Hochzeit mit Prinz Rainier von Monaco damit ihre Schwangerschaft vor den Paparazzi verbarg. Diese Geschichte kannte ich nicht, als ich die Tasche damals im Vintage-Laden sah. Ich fand die Tasche einfach nur schick. Meine Kelly Bag war alt und auch nicht besonders teuer. Nichts an ihr bereitete mich darauf vor, wie höflich und zuvorkommend mich plötzlich der Concierge im Hotel, der Maître d'hôtel im Restaurant oder die Verkäufer in den teuren Boutiquen an der Croisette, der Strandpromenade von Cannes, behandeln würden. Wo mir vorher das Sicherheitspersonal hinterhergelaufen war, weil sie mich für eine potenzielle Ladendiebin hielten, wurde mir plötzlich Champagner angeboten. Egal wie schmutzig meine Turnschuhe und wie alt mein T-Shirt, die Tasche an meinem Arm ließ sie auf einmal alle lächeln. Plötzlich verstand ich, warum ansonsten völlig unauffällig, ja, spießig angezogene Frauen, die offensichtlich wenig Interesse an Mode haben, mit diesen auffälligen Designertaschen herumliefen. Und ich verstand die schwarz verschleierten Araberinnen, die mir einmal in der Münchner Innenstadt an einer Fußgängerampel auf der anderen Straßenseite gegenüberstanden. Ihre schwarzen Gewänder wehten im Wind, jeglicher Ausdruck von Individualität war versteckt. Sie hätten jeder ökonomischen Klasse angehören können, wenn da nicht ihre Handtaschen gewesen wären. Eine rote Kroko-Birkin, außerdem Kellys und Chanel. Es waren sechs Frauen, die da vor mir standen, und an ihren Armen hingen zusammengerechnet mehr als 200 000 Euro in Handtaschen. Eine erstklassige Behandlung durch die Münchner Luxusindustrie war ihnen garantiert.

Stereotypisch männliche Statussymbole sind fast ohne Ausnahme phallisch in der Form. Als Phallussymbol verzeichnet Sigmund Freud (Vorlesungen zur Einführung in die Psychoanalyse. Kapitel 10) alle Dinge, die »lang und hochragend sind« sowie »Gegenstände, die die Eigenschaft des in-den-Körper-Eindringens« gemein haben.

Sportwagen, Jachten, Zigarren, die Teleobjektive teurer Kameras – sie sind allesamt phallischer Natur. Die teure Armbanduhr wirkt vielleicht auf den ersten Blick nicht phallisch, aber sie ziert den per se phallischen Arm wie ein *Cock Ring*, also ein Gegenstand, der die Erektion verlängern soll. Männliche Statussymbole sind *penetrativ*. Bei fast allen Designerhandtaschen, die in den letzten Jahren den Markt so nach oben getrieben haben, vermittelt sich das gegenteilige Konzept. Die Yves Saint Laurent-Mombasa-Tasche aus den Siebzigern war noch weich und knautschig. Doch es sind die harten Klassiker, Bollwerke wie die Kelly Bag oder die 2.55 Chanel-Handtasche, die auch gebraucht noch ihren Wert steigern. Neue Birkin Bags sind schon lange nicht mehr aus weichem Leder, sondern starr in Form und Anmutung. Auch die neueren Modelle der anderen großen Modehäuser vermitteln Rigidität und Unbezwingbarkeit. Louis Vuitton verkauft Abendhandtaschen, die wie tragbare Tresore aussehen. Mit goldenen Beschlägen und Schlüsseln. Auch auf normalen Louis Vuitton-Handtaschen mit dem typischen LV-Logo prangen große vergoldete Schlösser. Ähnlich die Taschen von Valentino. Goldene Beschläge mit spitzen Nieten von der gleichen Sado-Maso-Abschreckungsästhetik wie die Gürtel von Goth-Metal-Fans der Achtziger. Nur eben alles in Rosa, vermeintlich lieb und mädchenhaft. Die symbolische Botschaft ist nicht aggressiv, sondern eher defensiv. Wie Dornröschens verwunschenes Märchenschloss oder Rapunzels Keuschheitsturm. Kein Mann kann da eindringen. Zutritt verboten.

Wo männliche Statussymbole penetrieren wollen, zeichnet sich die Statussymbolik der Designerhandtasche durch ihre *impenetrability* aus. Sie ist unbezwingbar, undurchdringlich. Steif und rigide. Sie macht sich rar. Wie ein gutes Mädchen oder eine Trophäenfrau. Die Designerhandtasche ist demonstrativ und prüde zugleich. Die offene *Bucket Bag* von Louis Vuitton, sie ist zwar sehr beliebt, gerade bei jüngeren Frauen, denen das Logo wichtig ist. Aber ein Statussymbol ist sie nicht. Dazu ist sie viel zu penetrierbar.

Damit ist die Designerhandtasche, in der Form wie sie derzeit den Luxusmarkt kennzeichnet, alles andere als Ausdruck eines neuen Feminismus. Vielmehr manifestiert sich in ihr eine Fortführung einer phallozentrischen Ordnung. Der Status der Frau definiert sich einmal mehr über den Mann, also in ihrer Beziehung zum Phallus beziehungsweise dem weiblichen Mangel eines solchen. Sigmund Freud unterstellte der Frau Penisneid. Laut Freud symbolisiert die Frau in erster Linie eine Kastrationsbedrohung, weil sie eben keinen Penis hat und damit Männern Angst macht. Ihre Existenz ist unüberwindbar mit symbolischer Kastration verwoben. Im Patriarchat existiert sie deshalb nur als das Andere, durch ihren Mangel eines Phallus. Das ist per se frustrierend. Und Feminismus, das bedeutet immer auch die Überwindung der phallozentrischen Ordnung. Wir können die Designerhandtasche als einen symbolischen Versuch sehen, den Mangel eines Penis zu zelebrieren. Frei nach dem Motto *eine feste Burg ist unsere Vagina*. Aber das Problem dabei ist, dass sich hier Lust aus Lustlosigkeit ergeben soll, aus Abwehr und Verschließung. Dabei wissen wir doch alle: Abstinenz ist auch keine Lösung.

Ich habe Karen meine Handtaschen-Thesen während unserer langen Fahrt durch Wales unterbreitet. Die Straße war ziemlich kurvig, und es hat viel geregnet. Karen war also etwas abgelenkt und musste sich aufs Autofahren konzentrieren. Deswegen weiß ich nicht, ob ihr mein ganzes Freudianisches Gerede über Vaginas so wirklich eingeleuchtet hat. Wahrscheinlich nicht. Auf jeden Fall war sie am Ende sehr froh über ihre große weiche Hippietasche, in der sie nie etwas findet. Bevor sie noch mehr dazu sagen konnte, musste ihr Sohn dringend aufs Klo. Dann hat sich wieder alles um den Phallus gedreht.

DAS SELFIE ODER
DIE SEHNSUCHT NACH DEM SELBST

Ich war bisher nur in eine Flasche Bier
und einen Spiegel verliebt.
SID VICIOUS, THE SEX PISTOLS

Vor ein paar Jahren besuchte ich das Geburtshaus meiner
Großmutter. Es steht etwa vierzig Kilometer von Greifswald
entfernt im flachen Nirgendwo. Die Landstraße, die von Greifswald dort hinführt, schlägt sich schnurgerade durch einen
Wald. Hinter einem ehemaligen LPG-Betrieb muss man auf
einen Feldweg abfahren, und irgendwann kommt man dann zu
dem Haus. Verlassen und dunkel steht es da, mit vernagelten
Fenstern, umgeben von Ackerwiesen unter dem riesigen pom-
merschen Himmel. Unheimlich wie das Haus in Alfred Hitchcocks Thriller »Psycho«, nur eben auf dem platten Land.
Meine Großmutter hatte mir erzählt, wie sie als Achtzehnjäh-
rige eins der umliegenden Felder beackert hatte. Ein Gewitter
lag in der Luft. Der Ochse war störrisch, der Boden trocken
und meine Großmutter entsetzlich zornig, dass ihre Mutter
sie zu dieser Arbeit gezwungen hatte. »Irgendwann werde

ich meinen eigenen Hof haben, und dann bestimme ich alles selbst«, schwor sie sich, und wie zur Bestätigung grollte in der Ferne ein Donner. Ihr Schwur ging in Erfüllung. Kurz darauf lernte sie meinen hessischen Großvater per Heiratsannonce kennen und zog in die hessische Fremde. Mein Großvater fiel im Krieg. Mit 23 war meine Großmutter Witwe, Mutter von zwei kleinen Kindern und Herrin eines kleinen, hochverschuldeten Gutshofs südlich von Kassel. Ich stand vor diesem düsteren Haus, wo alles begonnen hatte, und fragte mich: Wieviel von diesem Ort steckt eigentlich in mir? Und dann habe ich mich davor fotografiert.

Ich fuhr weiter auf die Insel Rügen, um den Kreidefelsen zu sehen. Caspar David Friedrichs Gemälde desselben, in dem drei Wanderer – zwei Männer und eine Frau im roten Kleid – auf den märchenhaft anmutenden Felsen und die Unendlichkeit des Meeres hinausblicken, hat mich schon immer fasziniert. Ein Bild voller Sehnsucht, Zauber und der Lust des Sich-Verlierens. Ich wanderte durch den Wald dorthin und erreichte schließlich einen Aussichtspunkt, von dem aus man einen ähnlichen Blick hat wie in dem Gemälde. Es war ein stiller, schöner Moment. Hier an diesem Epizentrum der deutschen Romantik ließ ich noch einmal die Begegnung mit meiner eigenen Herkunft Revue passieren. Meine Reverie wurde jäh unterbrochen, als zwei Touristen im Lycra-Outfit, Fahrradhelm und Handschuhen auf ihren Mountainbikes aufkreuzten. Sie unterhielten sich laut mit einer Stimme, die aus dem Lautsprecher ihres Handys in den Wald dröhnte. Sie stampften auf den Brettern der Aussichtsplattform herum, als wollten sie Geister vertreiben. Ich wollte mich schon umdrehen und gehen, als es hinter mir plötzlich still wurde. Neugierig wollte ich sehen, was passiert war. Hatte die Magie des Kreidefelsens auch die aufgeregten Touristen gepackt?

Nein, sie blickten nicht in die Weite, sahen nicht das große Panorama. Stattdessen standen sie mit dem Rücken zum Felsen gekehrt und starrten verzückt in ihr Handy. Die Frau lächelte zart, während ihre Hand den Auslöser drückte. Sie hatten die Stille, die Romanik gefunden, für die dieser Ort steht. In den Gesichtern der beiden stand Sehnsucht geschrieben, für einen kurzen Moment hatten sie sich weggeträumt in eine andere Welt, hatten sich in der Natur verloren. Sie hatten all das erfahren, wofür die deutsche Romantik steht. Nur eben nicht direkt, sondern per Umweg über die Spiegelung durch ihr Mobiltelefon. Nur via Selfie hatten sie den Zugang zu diesem Erlebnis gefunden. Als das Selfie aufgenommen war, schwangen sie sich auf ihre Mountainbikes und fuhren weiter.

Selfies wie das vor dem Geburtshaus meiner Großmutter oder das der Touristen am Kreidefelsen sind, was Roland Barthes »Zertifikate der Anwesenheit« nennt oder Susan Sontag »Fototrophäen«. Nur dass diese Trophäen selten für das eigene Fotoalbum geschossen werden. Mein Selfie vor dem düsteren Haus habe ich niemandem gezeigt, es stellt vielmehr einen fotografischen Tagebucheintrag dar. Ich wollte mich an diesen Moment erinnern können. Aber meistens sind Selfies für das Teilen auf sozialen Netzwerken gedacht. *Schaut her, ich war hier, ich habe das getan!* Die Gegenwart des eigenen Antlitzes ist dabei ausschlaggebend als Beweis der Authentizität. Die

Kreidefelsen von Rügen mögen schon Millionen Mal fotografiert worden sein, aber nicht mit dem eigenen Gesicht im Bild.

Das Selfie ist ein relativ neues Phänomen, das durch die Kamera-Wendefunktion einer neuen Generation von Mobiltelefonen forciert wurde. 2013 wurde »Selfie« zum Wort des Jahres erklärt. Davor gab es Selbstporträts. Viele dieser Selbstporträts stellen kunsthistorische Wendepunkte dar. Das Selbstbildnis von Albrecht Dürer beispielsweise, in dem er sich selbst als seinen eigenen Erlöser darstellt und damit die Ablösung vom theozentrischen Weltbild des Mittelalters und die Geburt des modernen Individuums markiert, ist ein Meilenstein auf dem Weg zur Neuzeit. Das traditionelle Selbstporträt, wie wir es von Dürer, Rembrandt, van Gogh, Warhol, Kahlo oder Cindy Sherman kennen, ist eine Form der Selbsterkundung. Künstler werden zu ihren eigenen Beobachtern, beziehen den Betrachter in ihre persönliche Suche nach einer Antwort auf die Frage ein, die wir uns alle stellen: Wer bin ich?

Das Selbstporträt, so selbstbezogen und eitel es auch sein mag, genießt hohen kulturellen Stellenwert. Das Selfie dagegen gilt als Inbegriff des Narzissmus und eines zwanghaften Selbstdarstellungstriebs. Es ist synonym mit allem, was schlecht ist am digitalen Raum, und Beweis dafür, dass das Internet die niedrigsten Triebe in uns freisetzt und uns diesen willenlos ausliefert. Gern wird dabei der antike Mythos von Narziss als Gleichnis herangezogen. In dieser von Ovid in den »Metamorphosen« (einer der wenige Texte, der meinen Lateinunterricht erträglich gemacht hat) erzählten Geschichte verliebt sich der arglose Jüngling Narziss in sein eigenes Spiegelbild.

An einen Quell mit silberglänzendem Wasser ließ sich
der Knabe nieder,
Vom eifrigen Jagen und der Hitze erschöpft.
Während er trinkt, erblickt er das Spiegelbild seiner
Schönheit.
Wird von ihr hingerissen.
Liebt eine körperlose Hoffnung,
Hält das für einen Körper, was nur Welle ist.

Und auch als Narziss erkennt, dass er es selbst ist, den er so begehrt, kommt er nicht zur Besinnung. Er kann nicht von sich lassen, verzweifelt an der Unmöglichkeit seiner Liebe und stirbt am Ende, ausgezehrt und müde von seinem Liebeswahn. »An seiner Stelle wächst eine Blume, in der Mitte safrangelb und umsäumt mit weißen Blütenblättern«, die Narzisse. Eine zarte Frühlingsblume, die durch ihre Vergänglichkeit vor der Eitelkeit und der tragischen Selbstverliebtheit ihres Namensgebers warnt.

Dem Selfie wird eine ähnlich zerstörerische Macht zugesprochen. Immer wieder tauchen Geschichten von Touristen auf, die so versunken in die Herstellung eines Selfies waren, dass sie dabei in einen Abgrund gestürzt sind. Über Menschen, die zu viele Selfies von sich aufnehmen, machen wir uns lustig. Über Leute wie die Touristen auf Rügen dürfen wir lachen oder den Kopf schütteln. Ein paar Selfies sind okay, aber zu viele sind peinlich. Die ultimativ lächerliche Gerätschaft ist der Selfie-Stick. Wer ihn benutzt, begeht sozialen Selbstmord. Das

»duck face« – der Selfie-Schmollmund, berühmt geworden durch Kim Kardashian, der Künstlichen Kaiserin des digitalen Phantasialands – ist zum pubertären Klischee geworden, ein Kürzel für lächerliches Verhalten.

Ein Reality-Star wie Kim Kardashian ist die Inspiration für einen neuen, potenziell lukrativen, aber auch maximal bizarren Beruf geworden, den des *Influencers*. Einer Person, die gegen Geld Fotos von sich in die sozialen Netzwerke stellt und dabei Produkte bewirbt. Ich kann mich noch gut an meine erste Begegnung mit einer *Influencerin* erinnern. Ich war bei einem Abendessen eines internationalen Modehauses eingeladen. Und weil eine meiner besten Freundinnen die Deutschlandchefin dieses Modehaus war und versprochen hatte, dass wir nebeneinandersitzen würden, ging ich hin. Ich kam zur Tür rein und konnte nicht weitergehen, weil vor mir eine junge Frau, die sich ihre Wangenknochen mit Schminke eingezeichnet hatte, in einer seltsamen Verrenkung erstarrt vor mir stand und den Weg blockierte. An ihrer Seite ein genauso erstarrter Schauspieler, den ich aus einer TV-Serie kannte. Plötzlich löste sich das Paar aus seiner Erstarrung, nur um sofort in die nächste gefrorene Pose zu fallen. Ihre Posen dokumentierten sie mit der Kamera ihres Mobiltelefons. Mit normalem Fotografieren hatte das nichts zu tun. Es wirkte eher wie eine Art hysterisches Tai-Chi. Später erfuhr ich, dass es sich bei der jungen Frau um eine *Influencerin* handelte. Diese Selbstinszenierung war ihr Job. Für die Kleider, die sie an diesem Abend trug und in ihren Fotos bewarb, erhielt sie Geld. Seitdem bin ich immer mal wieder *Influencern* begegnet. Ihr Anblick provoziert immer wieder ein Gefühl der Verwirrung. Meistens beginnt es damit, dass man schon aus 50 Metern Entfernung merkt, dass die Person absolut perfekt, für den Anlass möglicherweise etwas übertrieben gekleidet ist. Bis man sich dann fragt, warum die Person so überpointiert redet. Eine befremdliche Gestik, die ich weder von Models noch Schauspielern kenne. Ein *Influencer* muss viel arbeiten und ständig neue Fotos von sich selbst liefern, um den Werbefluss und die eigene Popularität aufrechtzuerhalten. Dabei kann ein ordentliches Einkommen entstehen. Ich stelle mir allerdings vor, es ist ein anstrengender Beruf, sein eigenes Leben als permanente Fotostrecke zu leben. Die *Influencer*, mit denen ich geredet habe, schätzen ihre Selbstständigkeit und sind stolz auf das Geschäft, das sie sich aufgebaut haben. Und doch frage ich mich, ob es diesen Beruf in fünf Jahren noch geben wird.

Nach der ersten Welle der Selfie-Phoria der letzten Jahre befinden wir uns mittlerweile in einer Phase der digitalen Reglementierung. Diese ist Teil einer Bewegung, die die neue Technologie der Smartphones als bedrohlich begreift. Die Artikel und Bücher, in denen zum »Digital Detox« aufgerufen wird, häufen sich. Wir sollen unsere Nutzung von digitalen Geräten reduzieren und weniger fotografieren, vor allem keine Selfies machen. Denn Smartphones werden uns verdummen, aussaugen, isolieren und verzehren – ganz wie das silberglänzende Spiegelbild im Quellwasser den Jüngling Narziss. Und trotzdem sündigen wir weiter. Folgen ihnen, den Bloggern und Prominenten, die sich selbst fotografieren. Können ihnen nicht widerstehen – den Selfies und dem Prozess, der dazugehört: Selfie aufnehmen, Selfie prüfen, neues Selfie aufnehmen, wieder prüfen, bis endlich ein zufriedenstellendes Selfie entsteht, und dieses dann in den sozialen Netzwerken teilen. Dann warten wir auf die positiven Reaktionen (Selfies triggern immer noch die meisten »Likes« auf Netzwerken wie Instagram), die uns angeblich ein ähnliches Dopamin-High verschaffen wie Crack. Eine gefährliche Droge also, diese Selfies. Doch wie bei jeder Droge und bei jeder Drogen-Epidemie ist es nicht so sehr die Droge selbst, die so süchtig macht, sondern das psychosoziale Thema, das die Droge behandelt.

Ist Narzissmus tatsächlich das zentrale Thema unserer Zeit? Sind wir alle Narzissten, die die Welt nur als Spiegelung unserer selbst ertragen? Frei nach der Kinderbuchheldin Pippi Langstrumpf *Ich mach mir die Welt, wie sie mir gefällt ... und sie gefällt mir nur, wenn sie aussieht wie ich.* Das Andere soll möglichst eliminiert, ja ausgemerzt werden. Das Selfie als Ausdruck der Unerträglichkeit des Andersartigen? Wenn wir uns die gewalttätige Sprache anschauen, mit der wir derzeit über Andersdenkende reden, die Aggression und die Wut, mit der soziokulturelle Klassen innerhalb der Gesellschaft aufeinander losgehen, dann scheinen die Kulturkritiker recht zu haben: Wir leben in einem narzisstischen Zeitalter. Und die Wut und die Verzweiflung, ähnlich wie die des Jünglings Narziss ob der Unmöglichkeit seiner Liebe, wird uns am Ende umbringen.

Aber Kulturpessimismus ist langweilig. Wie weiße Heteromänner, die Pearl Jam hören und auf die brave Jugend von heute schimpfen. Nein, das Selfie ist interessanter als simpler Narzissmus. Und was die Touristen da am Kreidefelsen getrieben haben, ist im Kern auch nicht so anders als Besuch des Geburtshauses meiner Großmutter.

Wenn wir wissen wollen, was das Selfie so betörend, ja unwiderstehlich macht, liefert die These des französischen Psychoanalytikers Jacques Lacan zum Spiegelstadium einen faszinierenden Ansatz. Mit dem Spiegelstadium bezeichnet Lacan die Entwicklungsstufe eines Kindes zwischen dem 6. und dem 18. Lebensmonat, in dem es sich zum ersten Mal selbst im Spiegel wahrnimmt. Damit entdeckt sich das Kind, das sich zuvor als Teil einer Einheit mit der Mutter und seinem Umfeld wahrgenommen hat, als eigenständiges Wesen. Die Motorik in der frühkindlichen Phase ist noch wenig ausgeprägt. Der eigene Körper wird noch nicht wirklich als Einheit, sondern als schlecht miteinander funktionierende Einzelteile empfunden. So ist die Euphorie groß, wenn das Kind seinen Körper als Einheit im Spiegel entdeckt. Die eigene Reflexion im Spiegel wird zum Idealbild erhoben, mit dem sich das Kind identifiziert. Das Ego wird geboren. Ein ebenso aufregender wie frustrierender Moment. Einerseits ist da das rauschhafte Gefühl, Kontrolle über die eigene Realität zu haben, andererseits wird der eigene Körper immer noch als unvollständig und bruchstückhaft wahrgenommen. Die daraus resultierende Spannung zwischen Ideal-Ich und Ich, zwischen Ego und physischem Selbst, wird uns ein Leben lang verfolgen. Und wir werden ein Leben lang versuchen, die beiden in Übereinstimmung zu bringen.

Wenn wir ein Selfie aufnehmen, versuchen wir also ein Ideal-Ich zu schaffen. Nicht nur als Anwesenheitszertifikat, wie

Barthes es nennt, sondern vielmehr als Beweis unserer Existenz. Der euphorische Moment des Kleinkindes beim Blick in den Spiegel wird endlos wiederholt. *Mich gibt es tatsächlich!* lautet die freudige Feststellung. Das mag kindisch klingen. Doch seit der digitalen Revolution 1989 befindet sich unsere Realität und unser Realitätsempfinden in einem halsbrecherischen Entwicklungsprozess. Unsere Wahrnehmungsmuster lösen sich auf, unser Geist ist permanent überfordert und hinkt der technologischen Entwicklung hinterher. In einer Zeit, in der – wie es in der englischen Ausgabe von Karl Marx' Kommunistischem Manifest heißt – *all that is solid melts into air,* gleicht es tatsächlich einem Wunder, dass unsere Körper weiterhin existieren.

Wir perfektionieren dieses Ideal-Ich mit Filtern und Apps wie FaceTune, radieren so alle Falten und sonstige, als unattraktiv wahrgenommene Charakteristika aus. Dabei legen wir einen furiosen Perfektionismus an den Tag, der an die Wutphantasie meiner Großmutter erinnert: *Endlich bestimmen wir alles selbst!* Perfektionismus, das ist eben immer der Trugschluss, dass sich irgendwas im Leben kontrollieren lässt. Die Phantasie, dass wir dem Zufall – von manchen auch Schicksal genannt – eben *nicht* hilflos ausgeliefert sind. Das vermeintlich perfekte Selfie setzen wir in den Kontext früherer Selfies und erzählen so auf den sozialen Plattformen eine visuelle Geschichte über uns selbst. Dabei werden all die Ungereimtheiten, all die Widersprüche und Ängste verdrängt, die sich bei jedem von uns über die Jahre ansammeln. Über das Selfie inszenieren wir uns als kohärentes Wesen. Und für einen kurzen Moment ist die Welt weniger anstrengend, weniger widersprüchlich. Denn die Wirklichkeit fühlt sich ja so anders an. Niemand von uns ergibt irgendeinen Sinn. Menschen sind per se widersprüchlich und voller Ambivalenz. Das regt uns nicht nur bei uns selbst auf, sondern vor allem auch bei den Menschen, die wir lieben oder bewundern. Angefangen mit unserer ersten Bezugsperson, oft unserer Mutter, die uns vom Moment unserer Geburt an füttern, lieben und beschützen und gleichzeitig unendlich frustrieren und zu Schreikrämpfen bringen kann. Und die wir im Gegenzug zurücklieben und gleichzeitig terrorisieren. Liebe, inklusive der Selbstliebe, ist immer auch Terror. Um mit diesem Widerspruch leben zu können, brauchen wir Geschichten, um unserer Existenz einen roten Faden zu geben. Das visuelle Narrativ sowohl unserer Selbst als auch der Menschen, die uns wichtig sind, bewahrt uns davor, dass unsere Welt ins Chaos stürzt. Und je größer die in sich selbst wahrgenommenen Ungereimtheiten, desto größer das Bedürfnis, diese zumindest vorrübergehend mit einem Selfie auszuschalten. Es ist wie das umgekehrte Bildnis des Dorian Gray. Wir schicken ein niemals alterndes, niemals hässliches Idealbild von uns in die Welt, während wir selbst auf dem Dachboden hocken und die Mühlen des Lebens uns langsam zermalmen.

Ein Selfie ist somit digitale Überlebensstrategie wie auch Teil unseres Selbsterfahrungsprozesses. Ähnlich wie meine Reise zum Geburtshaus meiner Großmutter. Zwar ist das Selfie inszeniert und bearbeitet, aber wer sagt denn, dass das so anders ist als der Rest unserer Existenz? Der amerikanische Soziologe Erving Goffman entwickelte in seinem *Buch The Presentation of Self in Everyday Life* (1959) die These, dass jede Form des sozialen Verhaltens eine Art Schauspiel ist. Wir spielen uns selbst in unserem eigenen Leben. Demnach gibt es kein authentisches, echtes Ich, wie es zum Beispiel der Philosoph Jean-Jacques Rousseau im 18. Jahrhundert beschrieb und mit seinen Ideen die Französische Revolution inspirierte. Für Rousseau bedeutete das soziale Miteinander eine Ablenkung, ja Entfremdung von unserem wahren Kern, denn in der Gesellschaft »lebt man nur in den Meinungen anderer und entwickelt ein Gefühl für die eigene Existenz nur durch die Urteile anderer«. Was dazu führt, dass wir – so Rousseau – »ständig andere fragen, was wir wollen, ohne uns jemals selbst zu fragen … wir sind dann nur noch eine lügnerische, frivole Hülle«. Für Rousseau wäre das Selfie wohl nichts anderes als ein digitales Gefängnis, für Goffman dagegen nur eine weitere Bühne für das Schauspiel unserer fragmentierten Persönlichkeit.

Bei einem Selfie können wir einem Menschen bei seiner Selbstinszenierung zuschauen. Deswegen ist bei Selfies auch das Peinlichkeitspotenzial so groß. Der private Moment, in dem wir uns selbst im Spiegel sehen, wird zur Schau gestellt. Wir machen uns ultimativ verletzlich, denn wir zeigen den anderen, was wir glauben, was die anderen von uns sehen wollen – in der Hoffnung, dass die anderen unsere Inszenierung mit Zuneigung belohnen werden. In dieser Verletzlichkeit liegt die Faszination des Selfies. Mit dem Selfie bekunden wir, dass es uns geht wie allen anderen auch. Dass wir alle in derselben Hölle sitzen. Denn die Hölle, das ist nicht, wie der französische Autor und Philosoph Jean-Paul Sartre sagte, die anderen. Die Hölle ist vielmehr die Tatsache, dass wir die anderen brauchen. Ohne die anderen, ohne menschliche Zuneigung, verkümmern wir wie Narziss an der Quelle.

Damit ist das Selfie mit enormem sozialen Druck und Stress verbunden. Das High der Zuneigung birgt immer auch das Risiko der Zurückweisung. Fehler der Vergangenheit lassen sich kaum mehr verbergen. Während ich hoffen kann, dass die Frisuren meiner Teenagerzeit niemals mehr irgendwo auftauchen werden, muss ein heutiger Teenager damit klarkommen, dass modische Fehltritte und alle anderen Fauxpas der Nachwelt für immer erhalten bleiben. Die Ewigkeit kann dann wirklich unangenehm lang werden.

Der französische Filmkritiker André Bazin bezeichnete Ende der fünfziger Jahre die Fotografie als eine Form der Einbalsamierung. Ein flüchtiger Moment wird für immer festgehalten und eingefroren. Vielleicht ist das ein Grund, warum die Social Media-Fotografie in den letzten Jahren solche Ausmaße angenommen hat. Warum die Kamera im Mobiltelefon für viele Menschen ein Fortsatz ihres Auges geworden ist – ein Auge, das alles festhält, alles mumifiziert und für die Ewigkeit bewahrt. Weil sich alles, inklusive wir selbst, so flüchtig anfühlt. Weil in dieser Flüchtigkeit unsere eigene Existenz immer wieder infrage gestellt wird.

Die Touristen am Kreidefelsen, genau wie jeder Influencer, jeder Teenager, der sich stolz mit seinem neuen T-Shirt fotografiert, alle Erwachsenen, die schon mal ein Selfie von sich gemacht haben, wir alle haben uns für einen kurzen Moment selbst in unserem Spiegelbild verloren. Unsere Seele ist für ein paar Sekunden in ein weites Land geflüchtet, wo das Selbst stabil ist und die anderen auch. Meine Großmutter, ohne deren Mut ich wahrscheinlich immer noch auf dem platten Land hocken würde, fand diesen Moment, als sie mir kurz vor ihrem Tod bei einer Tasse Kaffee die Geschichte von ihrem Schwur erzählte. »Wenn ich darüber nachdenke, dann habe ich doch genau das bekommen, was ich mir gewünscht habe. Nur dass der Preis so hoch sein würde, damit habe ich nicht gerechnet.« Dann zog sie an ihrer Zigarette und lächelte traurig. Pearl Jam haben für so einen Moment einen Song geschrieben. Er lief im Radio, als ich im Auto von Pommern zurück nach Berlin fuhr: *I Am Mine.*

DER PYGMALION-KOMPLEX

Altern heißt, sich über sich selbst klar werden.
SIMONE DE BEAUVOIR

Los Angeles, kurz vor Weihnachten. Ich hatte mich mit einer Bekannten in der Polo Lounge getroffen, dem Restaurant des Beverly Hills Hotels. Eine Power-Lunch-Stätte der alten Schule. In der Polo Lounge traf Richard Gere in Paul Schraders Film »American Gigolo« seine reichen Kundinnen. Hier halten Filmproduzenten Hof, wenn sie vermitteln wollen, dass sie auf die Traditionen des alten Hollywood Wert legen. Es werden Deals gemacht, Intrigen gestrickt und Eindruck geschunden. Die grün-weiße Palmentapete, für die die Polo Lounge bekannt ist, lieferte vor ein paar Jahren die Vorlage für einen Kleiderstoff des italienischen Modehauses Dolce & Gabbana und ist seitdem zu einem ständig kopierten Modeklassiker geworden.

An diesem Nachmittag hatte Hollywood das Tempo schon für die Feiertage heruntergefahren. Statt der sonst üblichen Vertreter der Filmindustrie saßen an den anderen

Tischen mehrere Grüppchen von Damen um die sechzig. Alle sehr gepflegt, mit Brillanten an den Fingern. Birkin Bags thronten auf den gepolsterten Bänken. Zunächst fielen mir einige Brüste auf, die offensichtlich ohne BH unter Seidenblusen hervorragten. Angesichts des Alters der dazugehörigen Frauen schien mir das doch sehr erstaunlich. Dann merkte ich, dass sich einige Nasen seltsam ähnelten. Immer wieder das gleiche Profil. Und ja, es gab da auch mehrere sehr gemeißelte Wangenknochen und herzförmige Oberlippen. Die Hälse waren glatt und die Kinnpartien gestochen scharf. Gelegentlich warfen sich die Frauen untereinander Blicke zu. Verstohlen. Von Tisch zu Tisch. Und plötzlich ging ein aufgeregtes Flattern durch den Raum. Köpfe wandten sich, Augen weiteten und Unterkiefer senkten sich. Nur die Augenbrauen verharrten allseits unbeeindruckt auf den regungslosen Stirnen. Dann sah ich sie. Im weißen Hosenanzug und Borsalino, die rechte Hand lässig in der Hosentasche, schritt sie mit rot geschminkten Lippen selbstsicher an mir vorbei: die Schauspielerin Joan Collins, Hohepriesterin dieser operierten Runde. Im Wettlauf gegen die Zeichen des Alters war sie ganz klar die Siegerin. Niemand im Raum war besser operiert, besser konserviert, eleganter, glamouröser oder berühmter als sie. *High Five.*

Wenig später stand ich draußen beim Parkservice und wartete auf mein Auto. Was war das nur gewesen? Die Hollywoodversion der *Cantina*-Szene in *Krieg der Sterne*? Dachten diese Frauen tatsächlich, dass sie mit ihren künstlichen Gesichtern attraktiver oder jünger aussahen? Denn auch wenn man ihr genaues Alter nicht erraten konnte, so war doch klar, dass alle diese Frauen über sechzig waren. Sie sahen nicht jünger im Sinne von lebendiger aus, sondern vielmehr wie ein teuer ausstaffiertes, computeranimiertes Wachsfigurenkabinett. Ein älterer Rolls-Royce zog an mir vorbei. Baujahr circa 1988. Ein Ungetüm in Braun und mit riesigem Kühlergrill. Die Art von Auto, das früher wahrscheinlich ziemlich viel Koks, Zigarren, weiße Pelzmäntel und laute Ego-Explosionen gesehen hat. Niemand konnte sich dem Anblick dieses Wagens entziehen. Alle schauten kurz hin, manche fasziniert, manche angewidert. Da wurde mir mein Denkfehler bewusst. Den Frauen in der Polo-Lounge ging es nicht so sehr darum, dass jemand wie ich oder irgendein Mann sie attraktiv findet oder für jünger hält. Nein, ihnen ging es darum, wahrgenommen zu werden. Keine unsichtbare Frau zu sein. Ein »American Gigolo« interessierte sie nicht mehr, denn gekaufte Liebe ist genauso schal wie Liebe aus Mitleid. Und wer will schon Mitleid, wenn er Kameraderie haben kann. Diesen Frauen ging es um die Anerkennung innerhalb ihrer Gruppe von ähnlich Operierten. Es war ein soziales Spiel. Wer hatte was bei wem machen lassen? Bei wem sah es besser aus? Wer hatte das teuerste Gesicht? Die operierten Gesichter dieser Frauen, sie waren wie Rolls-Royce-Kühlergrille. Das Gesicht als Paradeobjekt. Und bei einem Rolls-Royce fragt sich auch niemand, ob der Kühlergrill *natürlich* aussieht.

»Ich liebe Los Angeles. Ich liebe Hollywood. Es ist so schön dort. Alles ist aus Plastik, und ich liebe Plastik. Ich will selbst aus Plastik sein«, hat Andy Warhol einmal gesagt. Erst jetzt wird klar, was für ein Visionär Warhol wirklich gewesen ist. Denn der Mensch aus Plastik wird zunehmend zur Realität.

Allein in 2018 wurden in den USA 16,5 Milliarden Dollar für 17,7 Millionen schönheitschirurgische Eingriffe ausgegeben. Das sind zwei Prozent mehr Eingriffe als im Jahr zuvor. Die USA stellen gemeinsam mit Brasilien die Spitze der schönheitschirurgischen Industrie dar. Zusammen bilden die beiden Länder ein Drittel des weltweiten Markts für schönheitschirurgische Behandlungen. Von diesen 17,7 Millionen Eingriffen sind 15,9 Millionen minimalinvasive Prozeduren wie Botox oder Spritzen zum Auffüllen von Lippen oder Falten. Auch diese sind im Vergleich zum Vorjahr um zwei Prozent angestiegen. Innerhalb von acht Jahren, zwischen 2000 und 2008, ist die Anwendung von Botox-Injektionen in den USA um 845 Prozent gewachsen. Injektionen von Lippenfüllern wie Kollagen oder Hyaloronsäure im gleichen Zeitraum um 66 Prozent. Während die USA und Brasilien durch ihr Volumen den schönheitschirugischen Markt anführen, ist Südkorea das Land mit den meisten Eingriffen pro Kopf. Laut Schätzungen haben fast die Hälfte aller südkoreanischen Frauen im Alter zwischen 19 und 29 schon einen Eingriff vornehmen lassen. Am beliebtesten ist dabei die Doppel-Lidoperation, bei der die Augen geweitet werden und eine zweite Lidfalte entsteht. Das Ziel ist, das Gesicht freundlicher und offener wirken zu lassen. Viele Eltern schenken ihren Töchtern diese Lidfaltenoperation zum bestandenen Abitur, weil sie denken, offene Augen erleichtern ihnen den Einstieg in die Erwachsenenwelt und Erfolg im Arbeitsmarkt. Nach der Augenlidoperation kommen in der Beliebtheitsskala Nasenoperationen und das Ausbleichen der Haut, denn ein weißer Porzellanteint gehört zum koreanischen

Schönheitsideal. So extrem diese Eingriffe scheinen, sie sind eingebettet in eine boomende Kosmetikindustrie und werden als normale Prozeduren betrachtet, um das Selbstbewusstsein und persönliche Wohlbefinden zu steigern. In der südkoreanischen Hauptstadt Seoul gibt es allein innerhalb der Quadratmeile des Gangnam-Stadtteils etwa 400 bis 500 schönheitschirurgische Arztpraxen. Diese Industrie entwickelte sich nach Ende des Koreakriegs 1953, einer der größten Stellvertreterkriege des Kalten Kriegs zwischen den USA und der Sowjetunion, bei dem das kommunistische Nordkorea gegen das kapitalistische Südkorea kämpfte. Die plastische und wiederaufbauende Chirurgie, die amerikanische Ärzte in das Land brachten, erfreute sich auf der kriegsgeschundenen südkoreanischen Halbinsel schnell großer Beliebtheit. Da liegt die Vermutung nahe, dass die makellos schönen Gesichter, die auf südkoreanischen Operationstischen entstehen, ein Trauma maskieren sollen. Die psychischen Wunden des Kriegs und eines geteilten Landes verschwinden hinter perfekten Gesichtern, die die Existenz jeglicher Hässlichkeit zu negieren scheinen. Doch ein so tief- und weitgreifendes gesellschaftliches Phänomen lässt sich nicht mit einfachen Thesen erklären. Wie alles, was mit unserem Erscheinungsbild zu tun hat, ist auch die Antwort auf die Frage, warum plastische Chirurgie immer populärer wird, einerseits offensichtlich und andererseits völlig mysteriös. Nicht nur in Südkorea, sondern auch in Europa. Es wäre auch falsch, die Häufigkeit der Lidfaltenoperation in Südkorea als Assimilierung an den Westen misszuverstehen. Südkoreanische Frauen versuchen nicht, sich west-

lichen Schönheitsidealen anzupassen. Beispielsweise werden in Südkorea nur selten die Lippen mit Füllern größer und voller gespritzt. Die temporäre Lippenvergrößerung ist ein sehr westliches Phänomen. Aufgespritzte Lippen, das sind die Stoßstangen eines Gesichts-Rolls-Royce. Die Pufferzone zwischen Frau und Realität. In manchen sozialen Kreisen Europas gehören sie fast zur Standardausstattung.

Letzten Sommer saß ich in einem Strandlokal an der Côte d'Azur in Südfrankreich. Außer mir hatten alle, wirklich alle Frauen Plastiklippen. Es wurde nicht sehr viel gelächelt in diesem Lokal. Diese Ansammlung an aufgepumpten Fendern war so extrem, ich fühlte mich wie in einem real gewordenen SciFi-Film. Es war, als würde da eine andere Spezies Mensch vor mir sitzen. Die Frauen in ihren Designer-Hippiekleidern, nippten mit ihren starren Lippen vorsichtig an ihrem Rosé, während sich die Männer teure Armbanduhren auf ihren Mobiltelefonen ansahen. Zu ihrer Verteidigung muss man sagen, dass diese Menschen alle im Urlaub waren und sicher nicht über Weltprobleme diskutieren, sondern sich einfach entspannen wollten. Aber die gefühlte Dummheit lag schwer und dicht über den Meeresfrüchtesalaten.

Das Phänomen der aufgespritzten Lippen ist für mich schwer nachvollziehbar, denn als Kind wurde ich für meine großen Lippen viel gehänselt. Besonders eindringlich erinnere ich mich dabei an eine Szene in der Grundschule. Wahrscheinlich dritte Klasse. Wir befanden uns in dem feuchtkalten Umkleideraum nach dem Sportunterricht. Ein Mädchen drängte mich an die Wand und beschimpfte mich, ich hätte »Kirschlip-

pen«. Heute klingt das wie ein Kompliment, ja fast poetisch. Aber damals war das das schlimmste Schimpfwort, das sich ein kleines Mädchen aus der hessischen Provinz ausdenken konnte. Es waren die Siebziger. Schöne Frauen hatten schmale Lippen. Wie die US-Schauspielerin Farrah Fawcett aus der Serie »Drei Engel für Charlie«, die damals im Fernsehen lief. Sie hatte wallend blondes Haar, und alles an ihr war winzig und wohlgeformt. Kein Wunder, dass sie immer so glücklich lächelte. Ich unglückliches Wesen dagegen trug eine dicke Brille, meine Haare waren dünn und verstrubbelt und jetzt hatte ich auch noch »Kirschlippen«. Mit anderen Worten, meine Lage war hoffnungslos.

Dass sich das Blatt so extrem wenden sollte und Frauen begannen, ihre Lippen wie Ballons aufzublasen, begann erst Anfang der nuller Jahre. Dabei spielen zwei Ereignisse eine Rolle. 2003 kamen neuartige Kollagenfüller auf den Markt, kurz darauf gefolgt von Hyaloronsäure-Produkten, mit denen Lippen mit wenigen Nadelstichen für 4 bis 6 Monate aufgespritzt werden konnten. Zuvor hatte aber schon ein anderes Ereignis den Markt vorbereitet. 2001 war der Film *Lara Croft. Tomb Raider* herausgekommen, mit Angelina Jolie in der Hauptrolle. Jolies erster großer Mainstream-Film, der sie als globalen Superstar etablieren sollte. Ich war damals am Set von *Tomb Raider*, um Jolie für die britische Zeitschrift *Esquire* zu interviewen. Eine faszinierende Frau. Klug, verletzlich, wild und mit noch größeren Lippen als ich. Ich fand sie großartig, und wollte das sofort meinen Kollegen in der Redaktion mitteilen. Aber das Einzige, was die interessierte, war die Frage, ob

Jolies Busen wirklich so enorm wie auf dem Filmplakat war. »Ist der echt?!« wollten alle wissen. Brustvergrößerungen waren schon in den Neunzigern aus dem Entertainment- und Rotlichtmilieu in die Mitte der Gesellschaft eingezogen. Pamela Anderson hatte mit Zeitlupe-Laufszenen im Badeanzug in der Serie *Baywatch* den Riesenbusen in Wohnzimmer weltweit gebracht. *Lara Croft* 2 erschien ein paar Jahre später, genau zu der Zeit, als die neuartigen Lippenfüller auf den Markt kamen. Was Angelina Jolie von Natur aus geschenkt worden war, konnten nun plötzlich alle haben.

Die Schönheitsideale, die uns heute auf den sozialen Netzwerken gespiegelt werden, wirken wie Abwandlungen von *Lara Croft* und anderen Computerheldinnen der frühen Gamer-Jahre. Angelina Jolie war damals die natürliche Verkörperung dieser Phantasiefigur. Kylie Jenner und ihre Halbschwester Kim Kardashian, zwei der größten globalen Instagram- und Reality TV-Ikonen und Schönheitsvorbilder unserer Zeit, bewegen sich auf einem ähnlichen ästhetischen Spektrum wie diese Gamer-Protagonistinnen: Großer Busen, volle Lippen, enge Taille, augmentierte Hüften, ebenmäßige Haut. Die Frage, ob das alles echt ist, stellt sich schon lange nicht mehr. Die neuen Stars der digitalen Welt machen keinen Hehl daraus, dass sie ihre Körper und Gesichter künstlich überarbeiten. Einerseits schaffen Instagram-Filter eine digitale Ebenmäßigkeit der Gesichter, die fast so perfekt ist wie die von *Lara Croft* & co. Andererseits überarbeiten sie ihr Erscheinungsbild durch Make-up und – mittlerweile völlig unverhohlen – plastische Chirurgie. 2015 brachte Kylie Jenner ihre eigene Kosmetikmarke »Kylie Cosmetics« heraus. Mit ihren künstlich vergrößerten Lippen bewirbt sie diese selbst. Mit großem Erfolg. Forbes Magazine ernannte Kylie Jenner 2019 zur jüngsten *Self-made*-Milliardärin der Welt. Jenner war damals 21 Jahre alt. Sie ist der ultimative und ultimativ erfolgreiche Akt der Selbst-Objektifizierung. Der Star als Produkt produziert seinen eigenen Körper, um ein selbst-produziertes Produkt zu verkaufen. Inzwischen hat Kylie Jenner den Großteil ihrer Kosmetikmarke an den Konzern Coty verkauft – für 600 Millionen Dollar.

Der Dichter Ovid beschreibt in einer seiner »Metamorphosen« die Geschichte des einsamen Bildhauers Pygmalion. Dieser sehnt sich so sehr nach einer Partnerin, dass er sich die Skulptur der perfekten Frau schafft. Er küsst und liebkost sie, schmückt sie mit Juwelen und Seide, bis schließlich die Göttin Venus Erbarmen mit ihm hat. Venus erweckt die Statue zum Leben. Die Statue schlägt die Augen auf und verliebt sich sofort unsterblich (na klar!) in ihren Schöpfer. *Happy End.* Die Computer-Programmierer, die Lara Croft und all ihre digitalen Schwestern geschaffen haben, sind Nachfahren des Pygmalion. Eine Studie der International Game Developers Association aus 2017 hat gezeigt, dass etwa 75 Prozent der Spieleentwickler männlich sind. Frauen in der Computerspiel-Industrie arbeiten weitgehend in nicht-kreativen Berufen. Mit anderen Worten: Bei der digitalen Ästhetik der Computerspiele handelt es sich um Männerphantasien. Wie einst Pygmalion erschaffen sich Spieleentwickler die Frau nach ihren Wünschen und Träumen. Durch die Möglichkeiten der plastischen Chirurgie sind Frauen zu ihrem eigenen Pygmalion geworden. Frauen können sich wie Kylie Jenner selbst erschaffen, über ihren eigenen Körper bestimmen. Damit könnte man plastische Chirurgie als eine Form der Selbstermächtigung betrachten. Die Frau wird zu ihrem eigenen Schöpfer. Die Mär von Eva, die Gott in der Schöpfungsgeschichte aus der Rippe Adams geschaffen hat, sie hat endlich ein Ende. Unsere Körper sind laut Michel Foucault, dem französischen Philosophen und Soziologen, der zentrale Schauplatz, auf dem in unserer Gesellschaft Macht ausgeübt wird. Bis vor Kurzem noch haben Männer darüber entschieden, was mit den Körpern der Frauen, vor allen Dingen ihren reproduktiven Organen, geschieht. In diesem Sinne könnte man plastische Chirurgie als eine Form weiblicher Emanzipation sehen. Die Frau entscheidet selbst über ihr Aussehen und ihren Körper. Es liegt eine Macht darin zu sagen: Ich bestimme über die Blicke der Männer auf mich. Wir können es als sexuelle *Realpolitik* betrachten, wenn eine Frau entscheidet: Ich erschaffe mich selbst zu einer Männerphantasie, weil ich so in unserer libidolastigen Digitalwirtschaft Vorteile habe. Wenn sie bestimmt: Ich objektifiziere mich, weil ich so bestimmen kann, wie andere mich objektifizieren. Was gibt es da schon an schönheitschirurgischen Eingriffen zu kritisieren, wenn ein Mensch sich danach lieben und akzeptieren lernt? Wenn am Ende nicht nur Erfolg, sondern wie bei Pygmalion die ewige (Selbst-)Liebe steht?

Bei meiner letzten Brustkrebsvorsorge erzählt mir meine Ärztin, dass eine Patientin sie vor ein paar Tagen gefragt hätte, ob sie sich die Brust vergrößern lassen sollte. »Warum fragen Sie mich?« hatte meine Ärztin geantwortet. »Weil fast alle meine Freundinnen sich schon die Brust haben vergrößern lassen. Und mein Mann findet auch, dass ich das machen lassen soll«, so die Patientin. Ich war fassungslos. Für mich wäre das ein sofortiger Scheidungsgrund. Wie sollte ich mit einem Mann zusammenleben, der von mir verlangt, dass ich mir zwei Fremdkörper in die Brust operieren lasse? Aber diese Patientin wäre nicht die erste, die sich für einen Mann einer Schönheitsoperation unterzieht. Und genau darin liegt das Problem mit der Selbstverwirklichungstheorie. Ja, Frauen werden zu ihrem eigenen Pygmalion. Doch anstatt sich tatsächlich selbst zu verwirklichen, richten sich die meisten Frauen bei der Neu-Modellierung ihrer Körper nach den von Männern erschaffenen Idealen der *Lara Croft*-Ästhetik. Großer Busen, enge Taille, volle Lippen und ein pralles Gesäß. Alles Irreguläre wird reguliert, alle Eigenheiten werden ausgelöscht und immer wieder auch ethnische Besonderheiten entfernt. Eine Vereinheitlichung, Neutralisierung findet statt. Schön ist, was austauschbar ist. Und die Beweggründe für diese »Verschönerung« sind nicht selten Gruppendruck (»die anderen Frauen haben das alle schon machen lassen«). An Orten wie der Côte d'Azur, Beverly Hills oder auch manchen Stadtteilen Münchens sind Frauen ohne geglättete Gesichter, aufgespritzte Lippen oder geliftete Oberlider die Minderheit. Da kann leicht der Gedanke aufkommen, dass mit einem selbst etwas nicht stimmt, wenn man sich nicht der Gruppen-Ästhetik anpasst. »Wie kann sie ihrem Mann das antun?« habe ich auch schon von einer Frau gehört, die sich darüber pikierte, dass eine Bekannte sich gegen Botox entschieden hatte. Natürlich ist das auch al-

les eine Frage des Geldes. Und ein künstlich modifiziertes Gesicht wird zunehmend Ausdruck einer sozio-ökonomischen Klassenzugehörigkeit. Das Gesicht als Statussymbol. Womit wir wieder beim Rolls-Royce-Kühlergrill wären.

Selbstobjektifizierung ist nur schwer mit Selbstliebe und Selbstakzeptanz vereinbar. Objektifizierung heißt, der Körper wird für andere konsumierbar gemacht. Der Körper als Objekt ist der permanenten Beobachtung und (Selbst-)Kritik ausgeliefert. Wenn in einer Frauenzeitschrift für Frauen Anfang bis Mitte dreißig der Leserin gesagt wird, dass ihre Vagina ihr »zweites Gesicht« sei und dann ein Interview mit einem Arzt folgt, der Vagina-Liftings durchführt, wird Verunsicherung geschürt. In bester sexistischer Manier wird eine neue »Problemzone« geschaffen, die unterschwellige Angst vor Ablehnung und Verlassenwerden füttert. Weibliche Beschneidung ist zum Glück illegal und wird bekämpft. Wie kann es da okay sein, dass in einer modernen, zumindest vom Ansatz her gleichberechtigten Gesellschaft Frauen eingeredet wird, sie bräuchten ein Vagina-Lifting? Verunsicherung findet vor allem in den sozialen Netzwerken statt. Und zwar nicht durch Chefredaktionen, die offensichtlich die Feminismusdebatte verschlafen haben, sondern durch uns selbst und wie wir uns ständig mit anderen vergleichen. Das Selfie wird von Schönheitschirurgen immer wieder als einer der Hauptgründe genannt, warum mittlerweile so viele Menschen ihr Gesicht mit Füllern und Botox behandeln lassen. Wenn mich mein digital überarbeitetes Selfie völlig faltenfrei mit glamourösen Wangenknochen anlächelt, fällt es mir schwer, das verknitterte Spiegelbild meines realen

Ichs zu ertragen. Das physische Ich soll dem Ideal-Ich des Selfies angeglichen werden. Nur so kann es im Vergleich mit den anderen bestehen. Die Tatsache, dass das Gesicht durch Botox zunehmend bewegungslos wird, ist dabei nebensächlich. Ein Selfie bewegt sich ja auch nicht. Wer zu seinem eigenen Pygmalion wird, erweckt sich nicht zum Leben, sondern meißelt sich zur Statue.

Das durchschnittliche Alter von Frauen, die sich zum ersten Mal Botox spritzen lassen, ist 48. Genau mein Alter. Ich hatte mich immer gefragt, wie das wohl ist, wenn man den ersten Schritt in die Welt der plastischen Chirurgie geht. Wie wird man zu einer dieser Frauen in der Polo-Lounge? Letztes Jahr lag ich dann auf dem Behandlungstisch einer Kosmetikerin in einer Münchner Hautarztpraxis. Mein Gesicht sah aus wie ein nasses Handtuch, das jemand in eine Ecke geschmissen hat. Aber die Kosmetikerin, da war ich mir sicher, würde das schon mit einer Wundermaske richten. »Ach, da an der Stirnfalte, da kann die Frau Doktor was machen. So ganz dezent. Nur ein paar kleine Piekser. Keine Sorge, so ein eingefrorenes Gesicht will ja niemand«, antwortete die wirklich sehr nette Kosmetikerin auf meine Sorgen. »Und hier wissen Sie, an den Wangen, wo da so langsam die Spannung rausgeht? Da gibt es jetzt so eine koreanische Methode, da können Sie Fäden einziehen lassen, und dann wird die ganze Wangen-Kinn-Partie angehoben. Geht alles ambulant ... « Ich dachte erschrocken: So fängt's an.

Zu existieren bedeutet, mit Aspekten unserer selbst konfrontiert zu werden, die völlig inakzeptabel sind. Jeden Tag werden wir aufs Neue herausgefordert, uns mit unannehmbaren Gefühlen zu arrangieren. Ob das nun Frustration im Straßenverkehr, Panik im Fahrstuhl oder Wut angesichts eines wieder einmal aufgeklappten Toilettensitzes ist. Aber einem Gefühl, das fast jeden von uns irgendwann heimsucht, verweigern wir uns: Der Angst vorm Altern. Ständig suchen wir neue Wege, um dieses Gefühl zu verbannen. Laut einer Studie von Orbis Research wird die globale Anti-Aging Industrie bis 2023 auf 331,41 Milliarden Dollar anwachsen. Der langsame, aber sichere Verfall des Körpers, von dem wir alle wissen, wo er endet – wir können ihn immer weniger akzeptieren.

Wenn der Tod der ultimative Kontrollverlust ist, so ist der Alterungsprozess ein kleiner Kontrollverlust nach dem anderen. Mit Botox und Fillern versuchen wir, wieder die Kontrolle über unser Gesicht zu bekommen. Die Angst wird weggespritzt. Und weil Angst eine Erwartungshaltung ist, quasi die Umkehrung der Hoffnung, lassen sich zunehmend junge Frauen Botox spritzen. Manche fangen sogar schon im Alter von achtzehn an. Botox in jungen Jahren, das ist die Angst vor der Angst. »Viele Botox-Patientinnen gewöhnen sich daran, dass ihr Gesicht sich fest anfühlt. Sobald die Wirkung nachlässt und die Haut wieder etwas weicher wird, setzt Panik ein und sie lassen nachspritzen«, so meine neue Kosmetikerin, zu der ich nach meinem Botox-Schreck gewechselt bin. »Der Effekt ist immer sofortig. Die Patienten fühlen sich plötzlich wieder gut. Das ist wie eine Euphorie. Deswegen kommt es dann bei manchen vor, dass sie, wenn sie sich schlecht fühlen, schnell mal zum Doktor gehen und sich Botox spritzen lassen. Ein schneller Fix für langfristige Probleme.«

Das Problem mit Defensivmechanismen, mit denen wir uns vor unseren Ängsten schützen wollen, besteht darin, dass wir damit meistens unbewusst einladen, wovor wir uns so fürchten. Wir wollen uns vor der Angst vor dem Tod schützen. Doch die Art, wie wir dies tun, verwandelt das Gesicht auf Dauer in eine Totenmaske. Emotionen werden stillgelegt, Erfahrungen ausradiert. Natürlich ist das am Anfang noch nicht so. Die Resultate der ersten paar Injektionen sehen meistens gut aus. Aber in den wenigsten Fällen bleibt es bei ein paar Injektionen. Irgendwann raten die Ärzte dann, die Wangen mit einem Füllmittel aufzuspritzen. In den besten Fällen entwickelt das Gesicht mit der Zeit eine künstliche Anmutung. In schlimmsten entgleist es völlig, und die Frau ist der Lächerlichkeit preisgegeben. Kaum einer ist schärferem Spott ausgeliefert als die ältere Frau, die mit ihren Versuchen scheitert, jugendlich zu wirken. Natürlich kann das Endresultat immer noch sehr schön und glamourös sein, wie das Beispiel Joan Collins beweist. Aber der Sarkophag von Tutanchamun ist auch sehr schön.

Laut *People Magazine* schenkte Kris Jenner, Familienoberhaupt der Kardashians, Freunden und Familienangehörigen inklusive ihrer 85-jährigen Mutter letzte Weihnachten eine Botox-Behandlung. Über ihre eigene Beauty-Routine sagt sie: »A massage, a great facial, a manicure and a little Botox, and I'm good to go.«

Auch einige meiner Freundinnen lassen sich Botox und Füller spritzen. Sie sind intelligent, emanzipiert, erfolgreich. Sie sind sich ihrer Unsicherheiten bewusst und geben diesen bewusst nach. Was ich daran nicht mag, ist, dass ich manchmal Probleme habe, ihre Gesichter zu lesen. Weil ihre Stirn sich nicht bewegt, kann ich nicht sehen, ob sie gerade wütend oder besorgt sind. Trotzdem kann ich ihre Entscheidung nachvollziehen. Und ja, ich war auch schon in Versuchung, wenn eine von ihnen wieder mal strahlend von ihrer Botox-Ärztin kam und alle Angst wie von ihr abgefallen schien. Dem Körper bei seiner eigenen Vergänglichkeit zuzuschauen, ist zermürbend. Dem verführerischen Sog der vermeintlich ewigen Jugend zu widerstehen, anstrengend. Sich beim Blick in den Spiegel müde zu fühlen, ermüdet noch mehr. Vor allen Dingen aber gibt es immer weniger Beispiele von Frauenikonen, die einem vorleben, wie man ohne Botox und ohne chirurgische Eingriffe altern und dabei schön aussehen kann. Frauen, die sich nicht ihre Angst ins Gesicht schreiben lassen, vom großen Spiel des Begehrens und des Begehrtwerdens ausgeschlossen zu sein. Eine der wenigen, die mir einfallen, ist die britischen Schauspielerin Charlotte Rampling. Rampling ist unter anderem bekannt aus Luchino Viscontis »Die Verdammten« (1969) oder dem französischen Film »Swimming Pool« von François Ozon (2003). Ich lernte sie kennen, weil sie wie ich Beiratsmitglied der C/O Berlin Galerie für Fotokunst ist. Rampling war jahrzehntelang ein Sexsymbol, berühmt für ihren Schlafzimmerblick. Und das Verrückte ist, heute, im Alter von 74 Jahren, ist sie es immer noch. Ihr Gesicht ist wunderschön, mit Falten, Schlupflidern und allem, was zum Altern dazugehört. Als ich ihr zum ersten Mal die Hand schüttelte, hätte ich sie am liebsten einfach eine halbe Stunde lang angestarrt. Endlich war da ein Gesicht, das nicht versuchte, mir etwas vorzugaukeln.

Ein Gesicht, dessen Emotionen ich lesen konnte. Ein Gesicht, keine Maske. 2004 veröffentlichte der deutsche Fotograf Juergen Teller Fotos von der damals 58-jährigen Rampling, wie sie in einem Negligée auf einem Hotelbett liegt. Die Erotik dieser Fotos liegt auch in ihrer Selbstverständlichkeit.

Peter Lindbergh, der legendäre deutsche Fotograf, der die Supermodel-Zeit der neunziger Jahre prägte und dessen Schwarz-Weiß-Porträts von Frauen immer die Emotionen feierten, nie die Fassade, hat Charlotte Rampling oft fotografiert. Auch er war bis zu seinem plötzlichen Tod im September 2019 Beiratsmitglied der C/O Berlin Galerie. In den Tagen vor seinem Tod hatten wir einen E-Mail-Austausch. Ich erzählte ihm von meinem Buch und darüber, dass ich darin auch über Schönheitsoperationen und Botox schreiben wollte. Er antwortete mir:

> Irgendjemand hat vor kurzem allen Ernstes behauptet, dass weniger Falten ein Gesicht schöner machen. (Das war trostlos). Ich habe vierzig Jahre gebraucht für den folgenden Satz: »Du bist schön, wenn Du den Mut hast, Du selbst zu sein.« Eine Journalistin hat mich mal gefragt, was einen schönen Mund ausmacht, und ich habe ihr ohne Zögern geantwortet: Ein Mund ist schön, wenn er intelligente und vernünftige Dinge sagt.

Peter Lindberghs Tod war ein großer Schock. Mit ihm ging jemand, dessen Fotos Frauen Mut machen. Mut, unsere Verletzlichkeit zu zeigen und zu erkennen, dass genau darin unsere Stärke liegt. Der weitgehend auf die digitale Überarbeitung von Fotos verzichtet und uns damit bewiesen hat, dass in der Imperfektion, ja, in den Zeichen des Alters, Schönheit liegt. Der uns daran erinnert hat, dass unsere Gesichter Geschichten erzählen und wir uns selbst verlieren, wenn wir diese Geschichten ausradieren. Ich hoffe, dass ich das auch dann nicht vergessen werde, wenn mir eines Tages die Schlupflidern tief über die Augen hängen und meine Freundinnen mich faltenlos anlächeln.

DER BART
UND ANDERE GEHEIMNISSE

»Muse, erzähl mir vom Manne,
dem wandlungsreichen ...«
HOMER, ODYSSEE

Als »Bart« beziehungsweise *beard* bezeichnet man im angelsächsischen Raum eine Frau, mit der ein schwuler Mann verheiratet ist, um seine Homosexualität zu verbergen. Die Frau beziehungsweise »Bart« soll Heterosexualität beweisen, wenn die eigene Homosexualität als undurchführbar, wenn nicht sogar als undenkbar empfunden wird. Was nicht bedeuten soll, dass Gesichtsbehaarung eine rein heterosexuelle Angelegenheit ist. Aber das Bild ist bezeichnend. Drückt es doch aus, dass ein Bart mit Sexualität, Gender und unseren Vorstellungen von Maskulinität zu tun hat. Ein Bart ist etwas, was »echte« Männer tragen.

Im antiken Griechenland markierte der Bart den Philosophen, und im antiken Rom ging man irgendwann so weit, dass unterschiedliche philosophische Schulen an ihrer Barttracht erkennbar waren. Ein Dekret aus dem Jahr 503 n. Chr. verbot es katholischen Priestern, lange Bärte zu tragen. Was zur Folge hatte, dass während des gesamten Mittelalters Klerikern immer wieder die Bärte zwangsweise abgeschoren wurden. Der russische Zar Peter der Große erhob im 17. Jahrhundert eine Bartsteuer. Dies war Teil seiner Modernisierungskampagne, mit der er Russland zu einer Weltmacht aufbaute. Der Bart galt als Zeichen hinterwäldlerischen, zurückgebliebenen Denkens, das dieser Kampagne im Weg stand. Im Frankreich der ersten Hälfte des 19. Jahrhunderts waren Bärte ein Zeichen für politische Zugehörigkeit. Ob man Monarchist, Bonapartist oder Republikaner war, war immer sofort am Bart erkennbar. Die Geschichte männlicher Identitätspolitik ist also immer auch eine Geschichte des Barts. Wie Männer sich darstellen, wer sie sein wollen und was sie über sich kommunizieren, hat immer auch damit zu tun, ob sie einen Bart tragen oder nicht.

Seit geraumer Zeit erleben Bärte eine Renaissance. Immer wieder wird gemutmaßt, ob der Bart-Trend vorbei ist. Aber die Gesichtsbehaarung hält sich hartnäckig. Es begann ganz harmlos mit dem ironischen Schnurrbart. Obwohl oder vielleicht gerade, weil Deutschland historisch gesehen ein schwieriges Verhältnis zum Schnurrbart hat, war es für Männer zwischen 20 und 30 plötzlich witzig, wie eine Mischung aus siebziger Jahre-Pornostar und achtziger Jahre Vorstadt-Familienvater herumzulaufen. Aber wie das meistens so ist mit der Ironie, irgendwann wird sie zum bitteren Ernst.

Im Jahr 2006 begann in den USA, höchstwahrscheinlich in Brooklyn, das sogenannte *heritage movement*. Während sich die langfristigen Folgen der Terroranschläge vom 11. September herauskristallisierten, der Zweite Irakkrieg zu einem katastrophalen Bürgerkrieg anschwoll und Afghanistan sich als neues Vietnam entpuppte, begann die große Flucht in die Vergangenheit. In das goldene Zeitalter des Pioniergeistes, als Amerikas Vergangenheit noch klein und seine Zukunft groß war. Als man noch stolz nach vorne anstatt beschämt zu Boden blickte. Männer trugen plötzlich wieder voluminöse Bärte, dazu dunkelblaue Jeans, Holzfällerhemden, Hosenträger und Schnürstiefel. Sie sahen aus, als wären sie einer Episode der achtziger Jahre TV-Serie »Unsere kleine Farm« entsprungen, die vom gottesfürchtigen Landleben einer amerikanischen Bauernfamilie um 1880 erzählt. Die Ärmel wurden hochgekrempelt, um japanische Tattoos auf den Unterarmen zu präsentieren, und ansonsten drehte sich auf einmal sehr viel um selbstgebrautes Bier und perfekt gemixte Cocktails. Dazu kamen teure Fahrräder, komplizierte Kaffeegetränke und ein allgemeiner Fetisch für *Americana* und alles vermeintlich Authentische. Der Hipster war geboren.

Als mir die neuen Bärtigen zum ersten Mal auffielen, war ich verwirrt. Sie erinnerten mich an meinen Ur-Ur-Großvater. Ein Kriegsheld von 1871, der Jagen ging und auf Familienfotos stolz seine Orden trug. Streng und gebieterisch schaut er in die Kamera. Ein Mann mit Bart. Diese Art von Mann war auf einmal wieder in Mode. Nicht nur in Brooklyn, sondern auch in Deutschland. Und nicht nur das. Mit der Fußball-WM von 2006 war Patriotismus wieder okay. Heiraten, Kinderkriegen, alles bio, anti-allergisch und bloß nicht peinlich oder gar radikal sein – das war die Botschaft, die aus dem Prenzlauer

Berg hinaus in die Nation schallte. Konzentriere dich auf deine kleine Welt, vergiss das große Ganze, zieh dich zurück auf das, was du kontrollieren kannst. Im Neobiedermeier dürfen wir alle intolerant sein, auch wenn wir so tun, als wär's nur gegen Laktose.

Doch dann kam Donald Trump und obendrauf die Flüchtlingskrise und die Klimakatastrophe. Das Globale ließ sich nicht länger ignorieren. Es crashte die Biedermeier-Party wie meine Uroma Martha ein volles Zugabteil. Die bärtigen Fachsimpeleien sahen auf einmal ziemlich albern aus. Und trotzdem, obwohl es mittlerweile »Hipster not allowed«-Aufkleber mit durchgestrichenem Bart-Logo gibt, hält sich der Bart. Sogar in den normalerweise glattrasierten Bankerkreisen, wie das bärtige Erscheinen des ehemaligen Vorsitzenden von Goldman Sachs, Lloyd Blankfein, 2013 beim Weltwirtschaftsgipfel in Davos beweist. Das *Wall Street Journal* berichtete, dass viele Banker sich einen Bart wachsen ließen, nachdem sie im Finanzcrash 2008 ihren Job verloren hatten. Es war einer der wenigen Vorteile der Arbeitslosigkeit, sich nicht mehr täglich rasieren zu müssen. Außerdem hatte der Bart den Vorteil, dass man sich und die eigene Scham dahinter verstecken konnte. Die Finanzwelt erholte sich, aber der Bart blieb.

Bärtige Banker, das wäre Anfang des neuen Jahrtausends undenkbar gewesen. Besitzt der Bart doch seit den Sechzigern durch Fidel Castro und Che Guevara ein Rebellenimage. Der Bart – ganz besonders seine wuchernde Hippieversion – war nonkonform. Der Hippie mit seinem haarigen Wildwuchs ebenso wie die Freidenker der Schweizer Monte Verità Bewegung (einer Künstler- und Pazifistenkolonie von Anfang des 20. Jahrhunderts, die vom großbärtigen Kurator Harald Szeemann wiederentdeckt und 1978 in einer Dauerausstellung verewigt wurde), sahen sich als Vertreter real gelebter Utopien im Einklang mit der Natur außerhalb der bürgerlichen Gesellschaft. Der Bart war das Abzeichen, das ihre Ablehnung bürgerlicher Vorstellungen signalisierte. Im Falle von Castro und Guevara war der Bart die perfekte Ergänzung zur phallischen Zigarre des Revolutionsanführers. Männlich, gefährlich, den Tod verachtend, dem Volke dienend und die Bourgeoisie bekämpfend, das war der Bart. Die haarige Verkörperung dessen, was der New Yorker Autor und Journalist Tom Wolfe 1970 als »radical chic« bezeichnet hat. Für alle Reichen, die, wie Wolfe in seinem Essay »Radical Chic. That Party at Lenny's« beschreibt, radikal und links erscheinen wollten, ohne dabei ihre Privilegien aufzugeben, war der Bart das perfekte Accessoire.

So ganz hat der Bart seine rebellischen Konnotationen nie abgelegt. Als Prinz Harry im Mai 2018 die amerikanische Schauspielerin Meghan Markle heiratete, musste er sich die Genehmigung seiner Großmutter, der englischen Königin, einholen, um während der Zeremonie einen Bart zu seiner Armeeuniform tragen zu dürfen. Dass diese Erlaubnis gewährt wurde und Prinz Harrys Bart auf Bildschirmen weltweit zu sehen war, zementierte die Gesellschaftsfähigkeit des Barts. Wenn ein Hollywood-Star auf dem roten Teppich mit Bart erscheint, ist das nicht mehr automatisch ein Zeichen für eine persönliche Krise, sondern ein ästhetisches Selbstbekenntnis. Die Haarpracht mag spärlich ausfallen und muss daher kurz geschoren werden. Der Bart dagegen bietet mannigfaltige Möglichkeiten zum Selbstausdruck.

Bärte befeuern die Schönheitsindustrie. Während der Verkauf von Rasierklingen 2018 in Vergleich zum Vorjahr um 5,1 Prozent gefallen ist, soll der Markt für Bartöl bis 2025 um 4 Prozent ansteigen. Mit der Gesichtsbehaarung steigt der Druck auf Männer, diese zu pflegen. Der Bart ist wichtiger Bestandteil des wachsenden Markts für Make-up und Pflegeprodukte für Männer. Der amerikanische Designer und oscarnominierte Filmregisseur Tom Ford, der in den Neunzigern das damals verstaubte Modehaus Gucci revolutioniert hatte, führt nun unter seinem eigenen Label die männliche Beauty-Revolution an. Ford verkauft Luxuspflegeprodukte für Bärte, die er in einer Fotokampagne selbst bewirbt. Talentiert, erfolgreich, bärtig und sehr, sehr gepflegt, so wirkt Ford auf diesen Fotos. Ein neuer Morgen scheint anzubrechen. Endlich schlagen die bisher vergeblichen Versuche der Schönheitsindustrie an, Männer dauerhaft als Konsumenten einzubinden und zum Geldausgeben zu verlocken.

Mit dem Anstieg von Pflegeprodukten für den Bart erfreut sich auch das Geschäftsmodell des Barbiers einer Renaissance. Diese reinen Männerdomänen waren der westlichen Welt fast völlig abhandengekommen. Nur im Western oder in Mafiafilmen gingen die Männer noch zur Rasur. Seit Ende des Zweiten Weltkriegs hatte sich das Friseurfach beharrlich in Richtung Unisex bewegt. Seit dem Bart-Boom gibt es wieder Etablissements, wo Frauen nicht erwünscht sind. So wird der Bart-Boom denn auch immer wieder als Symptom einer bedrohten Männlichkeit gedeutet. Parallelen werden gezogen zu den Zeiten der industriellen Revolution, als atavistische Bärte Mode waren und nicht zuletzt von Karl Marx getragen wurden. Marx formulierte 1844 in seinen »Pariser Manuskripten« die Entfremdung, die dem Arbeiter durch industrielle Arbeitsprozesse und kapitalistische Strukturen widerfährt. Durch die industrielle Revolution wurde der Mann als Arbeiter plötzlich austauschbar. Soziale Strukturen gerieten ins Wanken, sein Status wurde fragil. Die technologische Entwicklung war so rasant, dass Identitäten nicht mehr mithalten konnten.

Gerade im viktorianischen England, wo die industrielle Revolution am schnellsten Fuß fasste, entwickelte sich eine Vorliebe für Hypermaskulinität. Muskelmänner mit imperialen Schnurrbärten warfen sich vor den neu erfundenen Fotoapparaten in Pose. Der Hypermann mit Bart ließ sich nicht unterkriegen, er war stark genug, dass ihn die unaufhaltsame Entwicklungsflut nicht erdrücken konnte. In einer Zeit, als alles Vertraute wegbrach, vermittelte großväterliche Gesichtsbehaarung Bodenhaftung und Verankerung in der Vergangenheit. Dieser Logik zufolge mag schon der Bart meines Ur-Ur-Großvaters Ausdruck einer Verunsicherung gewesen sein, die mein Vorfahre als Landwirt vielleicht nicht direkt gespürt hat, deren Symptom ihn aber doch ergriff.

Auch heute bringen neue Technologien Identitäten ins Wanken. Die Digitalisierung bewirkt massive Verschiebungen im Arbeitsmarkt. In Großstädten hat sich ein WiFi-Präkariat gebildet. Unter dem Banner von Kreativität und Freiheit ersetzt die freiberufliche Existenz den Arbeitsvertrag und reduziert damit Rechte, Pflichten und Sicherheit. Die Würde, die einem eine Position oder ein bestimmtes Arbeitsverhältnis gewähren konnte, muss man nun in sich selbst tragen. Gleichzeitig leben wir im Zeichen der immanenten Apokalypse. Sowohl politisch als auch ökonomisch und ökologisch. Ähnlich wie in den Achtzigern, als sich die Welt im Klammergriff des Kalten Krieges befand, und Tschernobyl, AIDS und saurer Regen auch noch das letzte bisschen Hoffnung beseitigten, ist unsere Gegenwart von Androgynität geprägt. In den Achtzigern waren es die *New Romantics* und Gender-Grenzgänger wie der Popstar Boy George oder Robert Smith von The Cure, die das Konzept Männlichkeit infrage stellten. Heute ist das Repertoire an möglichen Identitäten nicht zuletzt im digitalen Raum ins Unendliche gewachsen. In simpleren Zeiten war die weibliche Sexualität das große, nebulöse Mysterium, und im Vergleich dazu die männliche Sexualität einfach gestrickt und so vorhersehbar wie der *Money Shot* im Porno. *Wham, Bam, Thank You Ma'am.* Männliche Sexualität »ungebändigt immer vorwärtsdringt« zitiert Freud in »Jenseits des Lustprinzips« (1920) Mephisto in Goethes »Faust«. Nun aber wird die Vorhersehbarkeit männlicher Sexualität infrage gestellt. Die Bandbreite der sexuellen Intentionen sowohl von Frauen als auch Männern hat sich geweitet. Wir sind flexibler geworden in unseren erotischen Interessen, in der Inszenierung unserer sexuellen Identitäten. Alles ist so unfasslich ambivalent. Wir wissen, wie viele Geschlechter es gibt, aber wir haben keine Ahnung mehr, zu wie vielen Gender-Identitäten wir fähig sind.

Gender – also das Geschlecht, das wir annehmen im Gegensatz zu den Geschlechtschromosomen, mit denen wir geboren werden – ist per se performativ und konstruiert. Männlichkeit ist eine Inszenierung. Und in diesem Rollenspiel ist der Bart eine zentrale Requisite, denn er beseitigt scheinbar jegliche Genderambivalenz. Der moderne Barbershop, wo Frauen gefühlt keinen Zutritt haben, ist die letzte Zuflucht der Eindeutigkeit. Die große Verunsicherung, die seit #metoo und der neuen Feminismus-Bewegung die Maskulinität ergriffen hat, hat hier ein Ende. Beim Barbier oder im Barbershop ist alles noch schön im binären Bereich. Nicht selten werben solche Etablissements mit Tattoo-, Tweed- und Whiskey-Ästhetik. Der Machismo muss sich hier nicht verstecken oder gar entschuldigen.

Oft erinnern die Bärte und Kurzhaarschnitte, die im modernen Barbershop beliebt sind, auch an traditionell muslimische Haartracht. Der arabische und der Hipster-Machismo sind in ihrer Ästhetik quasi identisch – sehr zum Ärger der arabischen Barbiere von Berlin Neukölln. Interessant ist dabei, dass der Bart-Boom nach der Terrorattacke vom 11. September 2001 und den Londoner Bombenanschlägen vom 7. Juli 2005 begann. Der radikalisierte Muslim mit Bart war zum Angstbild geworden. Er war die Versinnbildlichung dessen, was der palästinensisch-amerikanische Literaturkritiker Edward Said in seinem Buch »Orientalismus« (1978) als *Das Andere* beschreibt. Said, der gemeinsam mit Daniel Barenboim, dem Dirigenten der Berliner Staatskapelle, das West-Eastern Divan Orchester für junge israelische und arabische Musiker gründete, gilt als

Begründer postkolonialer Studien und schrieb über Imperialismus und koloniale Dominanz. In »Orientalismus« legt er dar, wie im westlichen Kulturkreis der »Orient« romantisiert und auf Klischees reduziert wird, um die westliche Vorherrschaft zu rechtfertigen.

Bei Said ist der »aufgeklärte Westen« dem »mysteriösen Orient« noch überlegen. Durch die Terroranschläge der frühen nuller Jahre hat sich das symbolische Verhältnis verändert. Die vermeintlich rationale Haltung des Westens wirkte plötzlich wie eine Schwäche. Es war schließlich nicht seine Ratio, sondern sein Glaube, der den bärtigen Dschihadisten so gefährlich machte. Der französische Philosoph Jean Baudrillard schoss sich ins intellektuelle Abseits, als er 2002 in seinem Aufsatz »Der Geist des Terrorismus« die symbolische Überlegenheit beschrieb, die diese Todesbereitschaft auf die »Zero Death Policy« der US-Streitmächte ausübte. Niemand wollte das hören, denn wir waren im Schock, gefangen in Schmerz und Trauer, erstarrt vor Angst. Dazu kam noch, dass die bärtigen Männer in den Fernsehberichten aus Afghanistan, die uns diese Angst bereiteten, ziemlich gut aussahen. Finster und fürchterlich, klar, aber irgendwie auch heroisch. Das durfte man natürlich nicht sagen, nicht einmal denken. Aber Gefahr und Erotik liegen nun mal nah beieinander. Und ein Tabu macht einen Gedanken umso reizvoller. In dem Teil unseres Hirns, der alle komplexen politischen Zusammenhänge vergisst und sich mit der Oberfläche beschäftigt, war der Bart einer der wenigen visuellen Anhaltspunkte dieses Neo-Orientalismus.

Dass die muslimische Haartracht im Westen plötzlich einen solchen Anklang fand – und sei es auch, indem sie in einen westlichen *heritage*-Kontext gestellt wurde – kommt einer Assimilierung gleich. Durch die visuelle Assimilierung mit dem *Anderen* wurden auch die symbolischen Konnotationen von Heroismus, Gefahr und Stärke verinnerlicht. Mit dem Ziel, durch seine Haartracht ähnlichen Respekt, ja, wenn nicht sogar Angst in seinem Gegenüber zu erzeugen, wie das muslimische Vorbild. Die spartanischen Helden in Frank Millers Action-Epos »300« aus dem Jahr 2006 sind denn auch ebenso bärtig wie heroisch. Der Film handelt von der Schlacht bei den Thermophylen 480 v. Chr., bei denen 300 Spartaner die Armee des persischen Königs Xerxes besiegten. Xerxes ist in dieser orientalistischen Siegesphantasie glattrasiert, trägt Schmuck und wirkt feminin, ja degeneriert. Damit wurden die Perser zu Projektionsflächen für westliche Minderwertigkeitskomplexe stilisiert. Die westlichen Helden dagegen sahen mit ihren Bärten aus wie muslimische Krieger. Der Tausch war perfekt.

Der Bart als Zeichen für stereotype Männlichkeit. Es könnte alles so schön simpel sein. Ein Mann, ein Wort, ein Bart. Der Bart als Ausweg aus dem non-binären Chaos, die Schnellstraße zur Eindeutigkeit. Fast wie der Ausdruck einer Trauer um verlorengegangene Gendersimplizität. Wenn da eben nicht die schwulen oder Trans-Männer mit Bart wären. »Manche Schwule tragen einen Bart, um als hetero durchzugehen«, so ein schwuler Freund, und ein anderer ergänzt: »Ein Bart ist ganz klar ein Fetisch. Er spielt mit heteronormen Vorstellungen von Männlichkeit, gleichzeitig rebelliert er aber auch dagegen.« Ein schwuler Mann mit Bart widersetzt sich der Idee, dass Maskulinität heterosexuell sein muss. Er widersetzt sich jeglicher Eindeutigkeit und verkörpert damit die Essenz von Mode: ihre Ambivalenz.

Als in den neunziger Jahren unter schwulen Männern wieder Bärte getragen wurden, konnte das als Gegenbewegung zu den glattrasierten Achtzigern verstanden werden. Die Achtziger mit ihrer konservativen Renaissance der Reagan-Ära (eine Reaktion auf die ungekämmten Siebziger) sowie der graphischen Ästhetik des elektronischen Pops, hatten im Horror der AIDS-Epidemie geendet. Eine ganze Generation schwuler Männer fiel der Krankheit zum Opfer. »Die Epidemie wurde mit sexuellen Exzessen und dem geklonten Styling der Schwulen in San Francisco assoziiert. Es war schwulen Männern auf einmal wichtig, sich von dieser Subkultur zu unterscheiden und gesund auszusehen. Denn als älterer schwuler Mann war man für jüngere Schwule automatisch mit dem Tod gekennzeichnet«, so Rhidian Davis, Direktor am British Film Institute, den ich Mitte der Neunziger während meines Studiums dort kennenlernte, als AIDS noch schwer in der Luft lag und Angst verbreitete. Im Lone Star Saloon von San Francisco entwickelte sich in den späten Achtzigern die »Bear Culture« – Bären, die mit ihren Bärten, Brustbehaarung und Bierbäuchen gegen den schwulen Körperkult rebellierten. Was als winzige Subkultur begann, entwickelte sich schon bald als eine der stärksten Strömungen schwuler Ästhetik. Auch deswegen, weil die Entwicklung antiviraler Medizin große Fortschritte machte und HIV-Infizierte länger zu überleben begannen. Gesichtsbehaarung wurde zum neuen Symbol für sexuelle Reife. Davis erklärt: »Für schwule Männer, die durch HIV-Medizin überleben konnten, war ein Bart die perfekte Methode, die Lipodystrophie zu verbergen – also den Verlust von Gesichtsfett, den die antiviralen Cocktails auslösten.«

Keine Frage, so stark das visuelle Signal eines Barts auch sein mag, er versteckt ebenso sehr, wie er indiziert. In der Natur der Mode liegt es, dass sie verbirgt beziehungsweise die Scham bedeckt und gleichzeitig den Menschen der Außenwelt präsentiert. Mode, das ist die Schnittstelle zwischen dem geheimen und dem öffentlichen Leben. Das geheime, ja, das ungelebte Leben ist besonders beim Bart relevant, bedeckt er doch das Gesicht – den ausdruckstärksten Teil unseres Körpers. Ein Bart mag Manifestation von ästhetischen Vorzügen sein, mag soziale und sexuelle Signale setzen, aber er zieht auch einen Vorhang vor das Gesicht seines Trägers. Durch den Bart erschafft ein Mann ein Geheimnis, versteckt, was er durch seine Handlungen oder Worte nicht offenlegt. Hinter dem Bart verbirgt sich das ungelebte Leben eines Mannes.

Die Maxime unserer Gesellschaft ist es, all unsere Möglichkeiten auszuleben. Unser Leben bis auf das Letzte auszuschöpfen. Wir sind besessen davon, nichts zu verpassen, keine Chancen verstreichen zu lassen. An jeder Ecke, in jeder Zeitschrift, im Fitnessstudio, Internet oder im Fernsehen werden wir dazu aufgerufen, das Beste aus uns zu machen, keine Möglichkeit zu verpassen. Und nicht nur das. Überall sollen wir uns zeigen. Die sozialen Netzwerke fordern uns zum alltäglichen Striptease auf. Mit ihnen haben wir George Orwells

Big Brother verinnerlicht. Wir zeigen freiwillig, wofür wir früher ausspioniert werden mussten. Die digitalen Fenster zu unseren Leben sind so immens, sie erinnern an die riesigen calvinistischen Wohnzimmerfenster in Amsterdam, die beweisen sollten, dass die Bewohner gottesfürchtig lebten und nichts zu verbergen hatten. Dabei ist das ungelebte, das versteckte, das heimliche Leben unserer Phantasiewelt oft so viel lustvoller und amüsanter als unsere realen Leben. Und nicht selten wichtiger. Im Geheimnis liegt Kraft. Ein Bart betont das heimliche Leben. Er verweigert sich der vollen Potenzialausschöpfung. Und damit verweigert er sich dem neoliberalen Prinzip des Menschen als Optimierungsprojekt. Er ist damit – und unter diesem Gesichtspunkt ist Llyod Blankfeins Bart umso revolutionärer – eine wenn auch winzige Geste der Kapitalismusrebellion.

Das Heimliche wird zum Problem, wenn es unterdrückt wird. Die Lust wird vergiftet, wenn man sie zu lange herauszögert. Das ist beim *beard* so, wenn ein Mann durch eine Beziehung zu einer Frau Heterosexualität vortäuscht. Und es ist so bei den echten Bärten, wenn die Phantasie zum inneren Gefängnis wird. »Wanderer, kommst du nach Sparta, verkündige dorten, du habest uns hier liegen gesehen, wie das Gesetz es befahl«, übersetzte Friedrich Schiller das Epitaph auf dem Siegesdenkmal der Spartaner. Dieses Schiller-Zitat und der heldenhafte Opfertod der Spartaner für ihren Staat wurde immer wieder mythologisiert und ideologisch missbraucht. Für einen Nationalismus, dem unter anderem auch der Sohn und die Enkel meines Ur-Ur-Großvaters auf den Leim gingen. Dabei betonte Schiller selbst, dass ein Bürger den Staat nicht blind unterstützen, sondern prüfen sollte, ob er die Entwicklung des Menschen und das Fortschreiten des Geistes unterstützt. Ein Bart kann seinen Träger nach außen hin zum Helden stilisieren, zum gradlinigen Kämpfer, zu einem Mann, der auch in einer genderfluiden Welt seinen Platz hat. Doch so schön auch die Form, gerade beim Bart kommt es auf den Inhalt an.

TAPEZIEREN MAL ANDERS.
ÜBER TÄTOWIERUNGEN

Ich empfinde es nicht als notwendig zu wissen,
was genau ich bin. Das Hauptinteresse im Leben
und der Arbeit besteht darin, jemand anderes zu
werden, als man am Anfang war.
MICHEL FOUCAULT

Es war das Jahr 1999. Ich wohnte in San Francisco über einem mexikanischen Schnellimbiss. Jeden Morgen, wenn der Koch das Fleisch für den Tag kleinhackte, wackelte das Haus. Und jedes Mal, wenn das Haus wackelte, hatte ich eine existenzielle Krise. Bald würde das neue Jahrtausend anbrechen und ich hatte keine Ahnung, wohin mit meinem Leben. Ich befand mich in einer Beziehung mit jemandem, den ich nicht wirklich mochte, hatte Zweifel, ob ich wirklich schreiben konnte, und was ich in San Francisco wollte, das wusste ich auch nicht so richtig.

Ein paar hundert Meter von meiner Wohnung entfernt begann das Gangland. Eine *No-Go*-Zone, die ich auf Anraten des mexikanischen Kochs bisher gemieden hatte. Als aber eines Tages das Haus wieder besonders stark wackelte, entschloss ich mich zu einem Spaziergang dorthin. Zunächst fiel mir nichts Besonderes auf. Nur die Menschenleere und die geisterhafte Stille waren mir unheimlich. Dann auf einmal kam eine Gruppe Jugendlicher auf mich zugerannt. Etwa fünfzehn Latinos. Der Anblick war so surreal, und alles ging so schnell, ich stand da wie erfroren. Dann sah ich, dass die Gruppe von einer anderen Gruppe verfolgt wurde. Ich sprang in einen Hauseingang. Die beiden Gruppen prallten direkt vor mir aufeinander und prügelten sich. Das Seltsame dabei war die Lautlosigkeit. Bis auf das Ploppen der Gummisohlen auf dem Asphalt kann ich mich an kein Geräusch erinnern. Als ich merkte, dass keiner der Jugendlichen bewaffnet war, verließ ich meinen Schlupfwinkel und begab mich schnell auf den Rückweg. An der Straße, die die Grenze zum Gangland bildete, fiel mir ein Tattoostudio auf. Ein kleines rotes Haus, mit Stangen vor den Fenstern. Vor dem Eingang parkte eine Harley Davidson. Ich ging hinein. Ein fensterloser Raum, dessen Wände komplett mit Tattoovorlagen tapeziert waren. Adler, Schlangen, Herzen, Schwalben, barbusige Meerjungfrauen, Panther, gotische Buchstaben. Die Art von Tattoos, wie ich sie auch beim Straßenkampf zuvor gesehen hatte. Ein junges Latino-Pärchen stand am Tresen und blätterte durch einen Katalog mit Variationen des Herzchenmotivs. Plötzlich baute sich der Besitzer des Etablissements vor mir auf. Ich hatte einen Latino erwartet. Aber es handelte sich um einen muskelbepackten Weißen mit rotblondem Rauschebart. Die Harley gehörte offensichtlich ihm. Er hieß Harry und sprach mit raspelnder Flüsterstimme. Ja, die Gangs würden zu ihm kommen und sich hier tätowieren lassen. Und ja, seine Kunden seien auch oft untereinander verfeindet. Ihm sei das egal. Er sei unparteiisch. Ohne es zu wissen, war ich in die Schweiz des Ganglands gestolpert. Ich lächelte Harry etwas unsicher an. Harry verzog keine Miene. Er war nicht wirklich der gesprächige Typ Mann. Es schien mir ein guter Moment, jetzt zu gehen. Ich wollte ja sowieso kein Tattoo. Oder doch?

Tätowierungen hatten damals schon an Popularität gewonnen. Nicht die folkoristischen Kriminellentattoos, auf die sich Harry spezialisierte, sondern vor allem keltische und polynesische Tätowierungen waren in Mode. Die sogenannten *Tribal Tattoos*, die Verbundenheit mit archaischen Lebensformen suggerierten. Durch die Erfindung des World Wide Webs 1989 stand die Welt an der Schwelle zur digitalen Revolution. Eine neue Suchmaschine namens Google war gerade mal ein Jahr alt. Die sich anbahnenden tektonischen Plattenverschiebungen unserer kulturellen wie sozioökonomischen Strukturen dröhnten schon leise im Hintergrund. Noch wussten wir nicht, dass der Mensch in Gefahr stand, sich im digitalen Raum aufzulösen. Aber wir ahnten es. Es schien beruhigend, Zuflucht in Ritualen zu suchen, denen die Menschheit schon seit Jahrtausenden folgte. Das schmerzhafte Prozedere des Tätowierens ist Teil menschlicher Kulturgeschichte. Sogar an der Gletschermumie von Ötzi, der 1991 in den Südtiroler Alpen ausgegraben worden war und dessen Alter auf etwa 5250 Jahre geschätzt wird, hat man Tätowierungen gefunden.

Im Jahr des Ötzi-Funds sah ich auch zum ersten Mal *Tribal Tattoos*. Es war während der Semesterferien, als ich mir ein

Haus mit drei Heavy Metal-Fans in Nord-London teilte. Alle drei studierten Elektrotechnik. Aber das spielte keine große Rolle, denn sie saßen den ganzen Sommer lang vorm Fernseher, schauten *Easy Rider* und kifften. Ein paarmal die Woche kam Dave, der Dealer im Batik-T-Shirt vorbei und schwärmte von ABBA und deren »really trippy lyrics«. Alle nickten bedeutsam, und dann wurde der nächste Joint gerollt. Es gab nur ein gemeinsames Ziel in dieser ansonsten aspirationsfreien Runde: Alle träumten davon, sich tätowieren zu lassen. Ständig zeichneten sie neue *Tribal Tattoos* auf lose Blätter, die vorm Fernseher herumflogen. Ihre große Tragik bestand darin, dass keiner genug Geld für eine Tätowierung besaß. Als ich auszog, war die Haut der drei immer noch jungfräulich blank. Vielleicht lag es an der bewusstseinserweiternden Mischung aus Heavy Metal und ABBA, aber meine ehemaligen Mitbewohner stellten sich als echte Trendsetter heraus. *Tribal Tattoos* tauchten schon bald überall auf. Anfangs waren diese Tätowierungen noch klein, ja verzagt. Aber während der Neunziger wuchsen diese Ranken und begannen, ganze Schulterpartien und Arme zu bedecken. Der Höhepunkt war erreicht, als sich der amerikanische Boxer Mike Tyson 2003 ein *Tribal*-Tattoo ins Gesicht stechen ließ.

Vor den *Tribal*-Tattoos repräsentierten Tätowierungen ein kulturelles Tabu innerhalb der westlichen Kultur. Sie wurden mit Randgruppen wie Kriminellen, Prostituierten, Gang-Mitgliedern, Strafgefangenen sowie Matrosen und Soldaten assoziiert. Ein Ex-Freund von mir, der in den Achtzigern Sänger einer Punkband war, ist am gesamten Oberkörper und an den

Beinen tätowiert. Damals war sein Erscheinungsbild radikal, ein Bekenntnis, dass er niemals zur bürgerlichen Gesellschaft gehören wollte. Seine Tattoos wurden oft von seinen Fans imitiert. Manche wollten, dass er ihnen ein Autogramm auf den Arm schrieb, um es sich noch am selben Tag eintätowieren zu lassen. Der französische Psychoanalytiker Jaques Lacan erklärt in »Aggressivität in der Psychoanalyse«, dass Tätowierungen wie Bekennerschreiben sind. Sie verankern das Individuum innerhalb einer Gruppe und bilden eine Brücke zwischen dem Realen und dem Irrealen, zwischen der Identität und dem erotischen Selbstverständnis. So waren Tattoos damals – und sind es teilweise immer noch – Eintrittskarten für eine Subkultur.

Im Laufe der letzten zwanzig Jahre haben Tätowierungen ihr Stigma verloren. Eine Studie von The Harris Poll von 2015 besagt, dass 29 Prozent aller Nordamerikaner mindestens ein Tattoo besitzen. Das ist ein Anstieg um 21 Prozent seit 2012. In Deutschland ist laut einer Studie der Universität Leipzig von 2017 jeder Fünfte tätowiert. Tendenz steigend. Die wenigsten belassen es bei nur einem Tattoo. Haben sie erst mal eins, folgen meist mehr. Die Hälfte aller Tätowierten haben zwischen zwei und fünf Tattoos. Vor allem junge Frauen lassen sich tätowieren. Mittlerweile tragen die Hälfte aller Frauen zwischen 25 und 34 Tinte in der Haut. Eine außerordentliche Entwicklung angesichts der negativen Konnotationen, mit denen Tätowierungen bei Frauen früher besetzt waren. In der westlichen Kultur bewegten sich tätowierte Frauen entweder im Rotlichtmilieu oder am Rande der Gesellschaft. In dem Film »Christiane F. Wir Kinder vom Bahnhof Zoo« (1981) ist der Moment, in dem sich die 13-jährige Christiane selbst an der Hand tätowiert, die Schlüsselszene zu ihrem Abstieg ins Drogenmilieu und die Prostitution. Ihre Mutter zuckt lapidar mit den Schultern, als sie das Tattoo entdeckt, sinnbildlich für Christianes emotionale Verwahrlosung. Heute gehören Tätowierungen zum Standard-Pubertätsdiskussions-Repertoire. Wer einen Teenager zu Hause hat, wird sich früher oder später mit dem Thema konfrontiert sehen. Für Tätowierungen im Tattoo-Studio muss man volljährig sein. Aber selbstgestochene Amateurtattoos sind schon lange völlig normal und befinden sich im denkbaren Handlungsrahmen eines Teenagers – ohne dass er daraufhin sofort drogenabhängig wird. »Meine Freundin und ich haben uns früher gegenseitig tätowiert. Beim Fernsehgucken. Es war supergemütlich, da so rumzuliegen und sich gegenseitig irgendwelche Muster einzustechen. Ich war gerade von zu Hause ausgezogen. Es war das erste Mal, dass ich in Clubs gegangen bin, Drogen genommen, mich ausprobiert habe, Sex mit vielen Männern hatte«, erinnert sich eine mittlerweile 30-jährige Freundin an die Entstehung ihrer Tattoos vor zwölf Jahren. »Klar hätte ich heute lieber keine Tattoos, aber ich denke auch gerne an die Zeit zurück. Diese Freiheit. Nichts war bedeutungsschwer, wir haben einfach nur in den Tag hineingelebt.«

Dass sich immer mehr Frauen tätowieren ließen, begann während der frühen *Tribal*-Welle in den Neunzigern. Angeregt von der damaligen bauchfreien Mode sowie der Popularisierung des Tangas ließen sich viele Frauen oberhalb des Steißbeins symmetrische Linienmuster stechen. Diese Tattoos zogen die Aufmerksamkeit auf eine erogene Zone und implizierten damit sexuelle Freizügigkeit. Schnell wurde diese Mode mit Bezeichnungen wie »Schlampenstempel« oder »Arschgeweih« abgewertet. Was bei Männern damals noch als ein Zeichen von Wildheit oder Rebellion empfunden wurde, war bei Frauen vulgär. Vulgär, das bedeutet, man zeigt etwas, das man eigentlich bedecken sollte. Ein vulgärer Mensch befolgt die Regeln nicht. Regeln, die vor allem sozioökonomische Klassenzugehörigkeit vermitteln und somit definieren, wer zur Unterschicht, Mittelschicht, zu den Neureichen oder der Oberschicht gehört. Wer die Regeln nicht befolgt, wird abgewertet. In die Gewöhnlichkeit verbannt. Bei Frauen läuft das häufig über sexuelle Erniedrigung. *Slut Shaming.* Scham, das ist vor allem ein Machtwerkzeug.

Die Steißbeintätowierungen waren Teil weitgreifender Veränderungen in der Selbstdarstellung weiblicher Sexualität, die Mitte der nuller Jahre ihren Höhepunkt erreichte. Junge Mädchen trugen plötzlich halbironische T-Shirts mit der Aufschrift »Pornstar«. Haarverlängerungen, wie sie früher nur von Stripperinnen getragen wurden, wurden gesellschaftsfähig. Die hochhackigen Plateauschuhe des französischen Designers Christian Louboutin, erkennbar an der unverhohlenen Erotik ihrer roten Sohlen, erinnerten an Arbeitskleidung der Hamburger Reeperbahn. Ein Pornovideo mit der Hotelerbin und Reality-TV-Star Paris Hilton – »One Night in Paris« – erregte weltweites Aufsehen und vergrößerte Hiltons globale Prominenz. Victoria Beckham lief in ihren Stripperplateauschuhen über den roten Teppich und wurde dabei zur Stilikone erkoren.

Es war eine ironische Pornofizierung weiblicher Ästhetik, die da stattfand. Ästhetische Elemente des Rotlichtmilieus durchbrachen die Geschmacksbarriere und fanden zumindest vorübergehend Zutritt in die oberen Ränge der Modewelt. Heute, in Zeiten von #metoo und einer erhöhten Sensibilität für übergriffiges Verhalten, wirkt diese postmoderne Hypersexualität befremdlich. Aber vielleicht war sie auch ein wichtiger Schritt zur Besitzergreifung des weiblichen Körpers durch die Frau selbst. Durch die Ironisierung verwandelte sich Sexualität und sexuelle Angriffslust zu etwas, was sich Frauen wie eine Rüstung überziehen konnten. Eine Waffe, die ihnen gehörte. Mittlerweile ist diese Ästhetik wieder in den Nebelbänken des Vulgären verschwunden. Kim Kardashian und ihre Schwestern, die globalen Reality-Stars, halten im Zuge ihrer medialen Selbstobjektifizierung immer noch an ihr fest. Aber die Modewelt hat sich weiterbewegt. Geblieben ist die Tatsache, dass junge Frauen heute ein anderes Körperverständnis haben. Sorgen wie »Sieht mein Hintern da dick drin aus?«, mit denen meine Generation noch aufgewachsen ist, scheinen nicht mehr wirklich relevant. Vielleicht bin ich hier zu optimistisch, aber es wirkt so, als würden die Körper der jungen Frauen mehr ihnen selbst gehören. Wer heute an einem heißen Sommertag durch Berlin Mitte geht, wird zahllose junge Frauen sehen, die großflächig tätowiert sind. Teilweise mit abstrakten, rein dekorativen Mustern. Nicht zum Kitzel des Betrachters, wohlgemerkt, wie das Steißbeintattoo der Neunziger. Ihr Zweck scheint hauptsächlich darin zu bestehen, Haut so abzudecken, dass es die Tattoo-Trägerin erfreut. Eine Form von Selbstästhetisierung. Im Hamburger Reeperbahn-Slang bezeichnet man eine Person mit Tattoos auch als »tapeziert«. Und ja, all die Blumen und graphischen Muster erinnern an Tapete. Natürlich kann man das auch über Kleidung sagen. Aber Mode und die damit verbundenen Identitätsmerkmale sind austauschbar. Bei Tattoos dagegen werden Identitäten auf die Haut tapeziert, bei denen kein Wechsel mehr möglich ist. Auch wenn die Lasertechnik schon weit gekommen ist, spurlos entfernen lassen sich Tattoos immer noch nicht.

Tätowierungen sind nicht so sehr Ausdruck von Identität, sondern vielmehr helfen sie, die Identität des Trägers zu definieren. Eine Tätowierung zementiert Aspekte meines gegenwärtigen Selbst und gibt ihnen Permanenz. Heute ist mir bewusst, dass ich damals in San Francisco nicht grundlos Harrys rotes Tattoo-Studio betreten habe. Ich war auf der Suche nach einem Ausweg von mir selbst. Da war diese große Sehnsucht, mich endlich nicht mehr so verunsichert zu fühlen. Ich wollte meiner Ratlosigkeit ob meiner Identität etwas Konkretes entgegenstellen. Meinem Lebensweg Leitplanken verpassen. Tattoos boten da eine schnelle Lösung. Mittlerweile ist mir klar, dass diese Krise damals nichts Besonderes war. Identitäten sind per se fragil. Sie sind das Produkt eines endlosen Stroms aus Erfahrungen, Situationen und subjektiven Interpretationen. Sie setzen sich zusammen aus gelebtem Leben – also, dem, was tatsächlich stattfindet – und unserem ungelebten Leben, das heißt, den Bedeutungen, die wir unseren Erlebnissen geben, unseren Erinnerungen, Hoffnungen, Wünschen, Phantasien. Oft sind diese Aspekte unseres Selbst widersprüchlich.

Wer wir jetzt sind, ergibt keinen Sinn im Vergleich zu der Person, die wir vielleicht vor zwanzig Jahren oder sogar noch vor wenigen Stunden waren. Der digitale Raum mit seinen sozialen Netzwerken, Computerspielen, manipulierbaren Fotos und Anonymität verstärkt diese Fragilität. Wir können mehrere Identitäten gleichzeitig sein, nichts ist permanent und mit dem *delete button* ist ein Leben auch schnell ausradierbar. Die menschliche Existenz im digitalen Raum ist prekär.

Wenn wir uns gegenseitig Geschichten über uns selbst erzählen, schaffen wir ein lineares Narrativ, welches all die widersprüchlichen Aspekte unseres Selbst miteinander vereint. Durch das Geschichtenerzählen, beispielsweise in der Psychoanalyse, geben wir uns selbst Plausibilität. Tätowierungen sind in diesem Sinne eine Form des Geschichtenerzählens. Erinnerungen, Sehnsüchte, Angstvorstellungen – der Totenkopf und andere Alptraumszenarien sind ein häufiges Tattoo-Motiv – werden auf dem Körper festgehalten. Es ist die Tatsache, dass der Körper all diese widersprüchlichen Fragmente des Selbst bergen beziehungsweise auf unserer Haut vereinen kann, die Plausibilität schafft. Der Körper wird Beweis der Vereinbarkeit unserer Widersprüche. Ähnlich wie in Christopher Nolans Film »Memento« aus dem Jahr 2000, in dem ein Mann mit ständig wiederkehrendem Gedächtnisverlust seinen Körper mit Notizen an sich selbst tätowiert, um den Mörder seiner Frau zu finden. Jedes Tattoo beglaubigt uns, dass unsere Erinnerungen real sind. Dass die Vergangenheit tatsächlich einmal existiert hat. Beschützt uns vor dem Horror der Amnesie. Im Japan vor dem Zweiten Weltkrieg waren japanische

Feuerwehrmänner oft am ganzen Körper mit Tattoos bedeckt. Nur mit einem Lendenschurz bekleidet, gingen sie nackt in die Flammen. Die Tätowierungen, so der Glaube, würden sie beschützen. Auch in anderen Kulturkreisen wie den indigenen Völkern Nord- oder Südamerikas, Sibiriens oder Süd-Ost-Asiens werden Tattoos magische und beschützende Kräfte zugeschrieben. Mit Tätowierungen wird der Körper gegen die Unbeständigkeit der eigenen Existenz gewappnet. Wir schmieden ihn zu einem Schutzschild gegen die Unvorhersehbarkeit, nicht nur der Zukunft, sondern auch der Vergangenheit. Mit unseren Tätowierungen rüsten wir uns dagegen, nur noch als digitales Lebewesen zu existieren. Wir markieren unser Sein. Der eigene Mythos wird erzählt. Der Körper wird magisch.

Die Magie entsteht durch das Tätowierungsritual, bei dem Bedeutung und Schmerz aufeinandertreffen. Normalerweise ist es die Aufgabe von Religion beziehungsweise Spiritualität, unserem Schmerz Bedeutung zu geben. Mittlerweile werden wir jedoch überflutet von Bedeutung. In der digitalen Welt begegnet uns täglich ein Sturm an Zeichen. Beim Tätowieren wird der Schmerz bewusst gesucht, um einen Exzess an Bedeutung in ein Bild zu komprimieren. Die Statistiken zeigen, wie erwähnt, dass Frauen – wie auch ich damals in San Francisco – ein größeres Bedürfnis nach diesen Ritualen der Selbstheilung haben, bei denen der Terror und die Ekstase der eigenen Identität kontrollierbar werden. Wird unsere Identität doch von allen Seiten mit Idealbildern von Schönheit und käuflichen Träumen bombardiert. Wie Helikopter-Eltern, die ihre Kinder überstimulieren und ihnen keinen Raum geben,

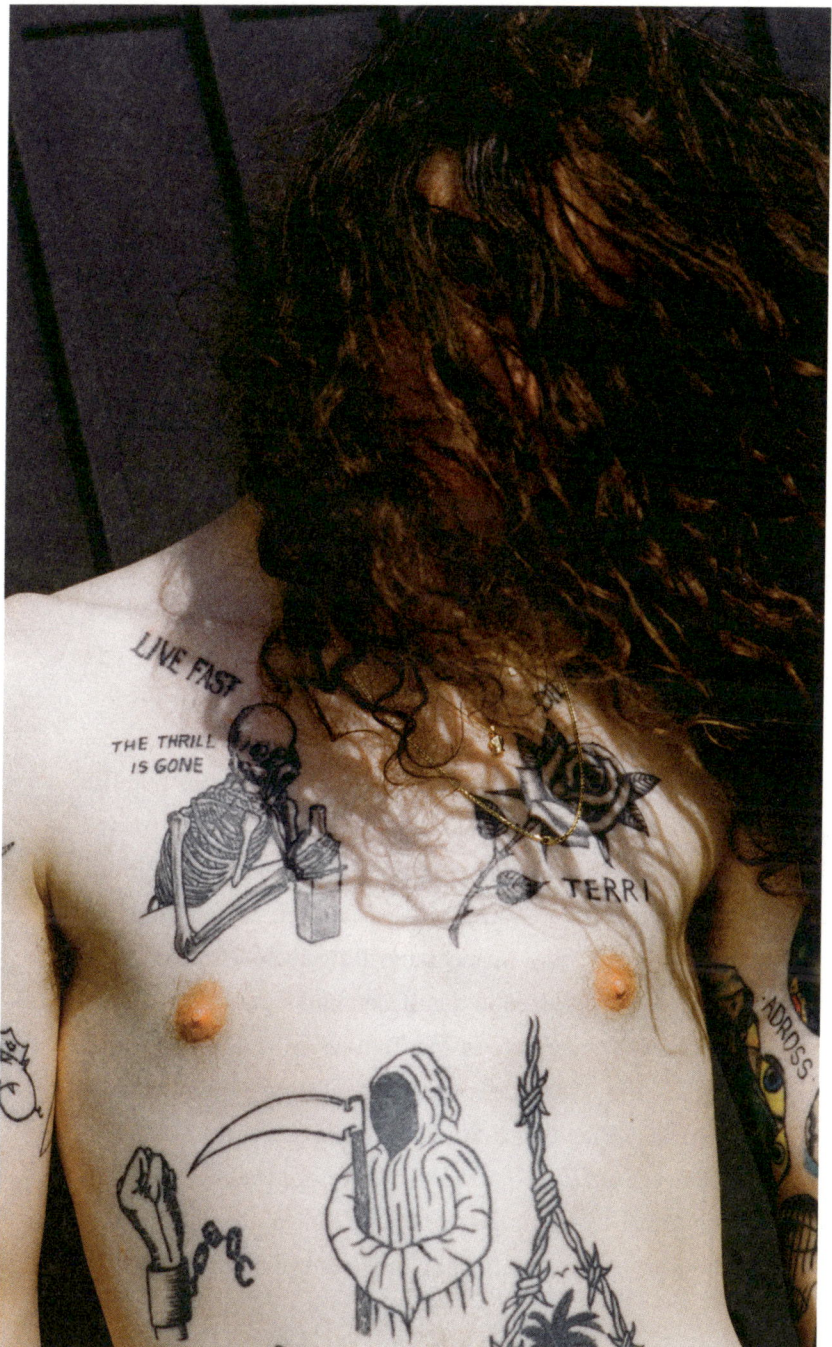

ihre eigenen Empfindsamkeiten und Entscheidungskriterien zu entwickeln, befinden wir uns im Windkanal des digitalen Raums und versuchen verzweifelt, dem Strom Einhalt zu gebieten. Ein Tattoo ist so ein Versuch. Eine Barrikade gegen den täglichen Terror der Möglichkeiten.

Bei Männern zeigt sich seit einigen Jahren eine Entwicklung, die einen faszinierenden Blick auf männliches Selbstverständnis ermöglicht. Während jahrelang kunstvolle Tätowierungen beliebt waren, oft mit japanischen Motiven, sind mittlerweile schlichte Motive in Kriminellenästhetik populär. Tattoos, wie ich sie damals bei Harry in San Francisco gesehen hatte. Solche Motive werden auch heute noch von Strafgefangenen selbst gestochen. Laut N. Klugers »Epidemiology of Tattoos in Industrialized Countries« (2015) erwerben etwa 40 Prozent aller Strafgefangenen in Industriestaaten eine Tätowierung während ihres Gefängnisaufenthalts. Genau diese Tattoos sind nun auch außerhalb des Justizvollzugs populär geworden. In der Nähe meiner Wohnung in München hat vor ein paar Jahren ein Tattoo-Studio eröffnet, das sich auf Tattoos ganz nach Harrys Geschmack spezialisiert. Mitten im gutsituierten Schwabing marschieren Bürgersöhne mit offenen, harmlosen Gesichtern in den Laden und kommen als Quasi-Kriminelle wieder heraus. Mit Tattoos am Hals oder auf den Fingern. Für Tattoos wie diese gehen manche Männer auch gar nicht erst ins Tattoo-Studio. Manche stechen sie selbst, wie Gefangene auf Zelle im Knast. Mittlerweile braucht es schon eine Annäherung an das kriminelle Milieu, dass einem eine Tätowierung das Gefühl der Non-Konformität und Rebellion vermittelt. Die Mitgliedschaft im Club der Einzigartigen. Denn obwohl Polizisten in Bayern immer noch keine sichtbaren Tattoos tragen dürfen, sind Tätowierungen mittlerweile so normal geworden, dass sie jegliche Anwandlung von Gefahr verloren haben. Zumindest für die ersten Monate fühlen sich die neu Tätowierten dann auch außergewöhnlich, ja vielleicht sogar ein bisschen tollkühn oder gefährlich. Bis sie sich an das Tattoo gewöhnen. Das Gefühl von Einzigartigkeit lässt nach. Ein neues Tattoo wird ins Auge gefasst.

Aber das Mysterium, warum sich bürgerliche Männer durch Tattoos als Kriminelle oder Strafgefangene stilisieren, lässt sich nicht nur mit einer spätkapitalistischen Sehnsucht nach Einzigartigkeit erklären. Warum lässt sich jemand, der in einem Vorort in der deutschen Provinz aufgewachsen ist und der aufgrund seiner akademischen Ausbildung und ethnischen Herkunft wahrscheinlich nie den Strafvollzug von innen sehen wird, eine Knastträne auf die Wange tätowieren? Der britische Autor J. G. Ballard, der für seine dystopischen Gesellschaftsszenarien und messerscharfen Analysen der Konsumgesellschaft bekannt ist, fand dafür eine Antwort in »Das Reich kommt«, seinem letzten Roman aus dem Jahr 2009. Der Roman handelt von einem arbeitslosen Werbetexter, der den Mord an seinem Vater in einer Shopping Mall am Londoner Stadtrand aufzuklären sucht. Dort trifft er auf Reihenhaussiedlungen und die existenzielle Langeweile eines alles durchdringenden Konsumismus. Und er stellt fest:

»*Die Vorstädte träumen von Gewalt.*«

In einer Welt der ewigen Konsumgegenwart, in der sich moralische Entscheidungen allein um den Erwerb des nächsten Mobiltelefons drehen und das Versprechen des Lebens einem von Amazon im Karton nach Hause geliefert wird, sehnen sich die Menschen nach Wahnsinn. Nach der Anarchie der Gewalt. Das Knast-Tattoo manifestiert, wenn nicht unbedingt diese Sehnsucht, dann doch die Tatsache, dass sein Träger nicht zu den Konsumlämmern gehören will.

Oder aber die Knast-Tattoos sind Ausdruck eines Gefühls des Eingesperrtseins. Der französische Philosoph und Soziologe Michel Foucault stellt in seinem Buch »Überwachen und Strafen« die These auf, dass sich die Überwachungspraktiken und Disziplinartechniken von Gefängnissen auch in anderen Lebensbereichen finden lassen. Er zeichnet dabei das Bild des Menschen in einer Zelle, die mit anderen Zellen die Wand eines innen hohlen Rundbaus säumt. In der Mitte dieses Panoptikums befindet sich ein Kontrollzentrum, das den Menschen ständig überwacht. Spätestens seit Edward Snowden und seinen Enthüllungen über die globalen Spionagepraktiken der USA und Großbritanniens wissen wir, dass die permanente Überwachung schon längst Realität geworden ist. Und vielleicht beschreibt das Knasttattoo eine Identität, die den äußeren Umständen nach nicht wahrnehmbar ist, aber doch zur inneren Realität des modernen Menschen gehört: Der Identität des Gefangenen.

Damals in San Francisco habe ich mich gefangen gefühlt. Gefangen in einer Sackgasse, in die ich mich selbst manövriert hatte. Dass ich da rausgekommen bin, darauf bin ich stolz. Ich mag Tattoos an anderen. Aber dass ich mich damals befreit habe, ohne mich tätowieren zu lassen, weil ich begonnen hatte, über das Schreiben und nicht über meine Haut meine Geschichte zu erzählen, darüber bin ich wirklich froh.

DAS SCHNELLE HIGH.
FAST FASHION

One pill makes you larger,
and one pill makes you small.
And the ones that mother gives you,
don't do anything at all.
JEFFERSON AIRPLANE

Mitte der neunziger Jahre wohnte ich in Notting Hill. Es war noch, bevor der gleichnamige Film mit Julia Roberts und Hugh Grant dort die Hauspreise in die Höhe trieb. Die Gegend war noch nicht komplett gentrifiziert. Die Häuser waren noch nicht in Bonbonfarben gestrichen, es wuchsen keine Rosenhecken an den Fassaden, und es gab noch Straßen, die man besser mied. Zu meinem Freundeskreis dort gehörte der Sohn einer Modedesignerin. Er war gutaussehend, witzig, hatte schon einen Low-Budget-Film produziert. Ich war ein bisschen verliebt in ihn. Seine Mutter hatte ich mal kennengelernt. Wir saßen im Wohnzimmer seiner Wohnung. Es war schon Mitternacht, als jemand an seiner Haustür Sturm klingelte. »Du bist ja noch wach! Du sollst doch morgen arbeiten!«, hörte ich eine schrille Stimme, als er die Tür öffnete. »Hier hast du einen

Joint! Den rauchst du, und dann gehst du schlafen!« Das war seine Mutter.

Einige Monate später – wir hatten uns aus den Augen verloren – wollte ich ihn wieder einmal besuchen. Es war ein sonniger Samstagnachmittag. Ein froschgesichtiger Typ im Trainingsanzug öffnete mir die Tür und ließ mich ins Wohnzimmer. Die Vorhänge waren zugezogen. Fahles Licht fiel auf die ausgeleierten Couchmöbel. Überall Bierdosen, Aluminiumbehälter mit halb gegessenem Curry und ausgedrückten Zigaretten. Das Froschgesicht warf sich aufs Sofa und griff nach einem Feuerzeug. Im Halbschatten auf einem Sessel saß der Sohn der Modedesignerin. Er beachtete mich kaum. Seine gesamte Aufmerksamkeit galt seiner Crackpfeife, die er sich aus einer Cola-Dose gebaut hatte. Er nahm einen Hit. Als das High ausblieb, durchsuchte er mit seinen schmutzigen Fingern die Asche nach übriggebliebenem Crack. Als er nichts fand, grub er seine Fingernägel in die Rankenmuster des Teppichbodens. Wühlte sich durch den Schmutz. Immer und immer wieder. Es war ein trauriges Bild. Mir wurde an diesem Tag klar, wie leicht einem das Leben entgleiten kann.

Seitdem ist viel passiert. Mittlerweile wohne ich in München Schwabing. Lichtjahre entfernt von den Londoner Crack-Junkies der Neunziger. In München ist es jetzt fast genauso gediegen wie im heutigen Notting Hill. Alles ist hübsch. Alle Häuser frisch gestrichen, gelegentlich auch mit Rosenbüschen davor. Das alte Kino um die Ecke wurde abgerissen. Stattdessen befindet sich dort nun ein Zara-Laden. Einer von mehr als 2200 seiner Art weltweit.

Die Modekette Zara gehört dem spanischen Modeunternehmen Inditex, dem größten Modekonzern der Welt. Der Zara-Neubau in meiner Nachbarschaft besitzt große, gleißende Schaufenster. Sie strahlen hell in die dunklen Winterabende. Sind immer perfekt dekoriert. Die Mode wirkt jetzig, nah am Trend, hochwertig. Die Schaufensterdekorationen schildern Szenarien von Wohlstand und Eleganz. Sie sind kaum von denen der Luxusgeschäfte auf der Münchner Maximilianstraße zu unterscheiden. Oft wirken die ausgestellten Kleidungsstücke sogar näher am Puls der Zeit als die Mode in den teureren Geschäften. Dabei kosten sie nur einen Bruchteil. Was auch immer gerade auf den Modeseiten in den sozialen Netzwerken zu sehen ist, bei Zara steht es zu erschwinglichen Preisen im Schaufenster. Wie kein anderes Modeunternehmen versteht es Zara, auf Trends zu reagieren, auf die digitalen Trigger der sozialen Netzwerke einzugehen und mit einem perfekt eingestellten Produktions- und Distributionsapparat zu liefern. Die Geschwindigkeit, mit der Zara die Wünsche der Kunden antizipiert, ist Teil des enormen Erfolgs des Unternehmens. Zara-Kunden fühlen sich wahrgenommen und zahlen zurück mit Loyalität. Durchschnittliche Zara-Kunden besuchen sechs Mal im Jahr einen Zara-Laden. Das ist bis zu drei Mal mehr als die Kunden von konkurrierenden Modeketten. Für Inditex zahlt sich das aus. Während der Einzelhandel derzeit aufgrund des Online-Handels eine schwere Krise erlebt, kann Inditex Wachstum verbuchen. Der Verkaufsumsatz stieg 2018 um 4 Prozent auf 26,1 Milliarden Euro im Vergleich zum Vorjahr, und der Jahresprofit damit um 2 Prozent.

Zara hat das Geschäftsmodell der *Fast Fashion* perfektioniert. Mit *Fast Fashion* bezeichnet man eine Unternehmensstrategie, die in hoher Frequenz Ware zu Billigpreisen in die Läden bringt, um so Kunden häufiger in die Läden zu ziehen und zu mehr Konsum anzuregen. *Fast Fashion* steht im Gegensatz zur *Haute Couture* (französisch für »gehobene Schneiderei«), bei der in kleiner Stückzahl in aufwendiger Handarbeit Mode zu hohen Preisen für einen elitären Kundenkreis hergestellt wird.

Die *Haute Couture* entstand Ende des 19. Jahrhunderts in Paris. Der gebürtige Engländer Charles Frederick Worth (1825–1895) war der erste, der seinen Kundinnen eigene Entwürfe vorführte, anstatt Kleider nach deren Wünschen maßzuschneidern. In seine Kreationen nähte er auch erstmals Etikette, wie ein Künstler, der ein Gemälde signiert. Die Pariser *Haute Couture*-Schauen von heute funktionieren immer noch ähnlich. Sie dienen dazu, die Identität und den künstlerischen Anspruch eines Modehauses zu demonstrieren, sind also Schaufenster für ein Image, mit dem neben Kleidern Parfums, Kosmetik und Accessoires verkauft werden. In den sechziger Jahren entstand mit den *Prêt-à-Porter*-Schauen (französisch für »bereit zum Tragen«) ein weiteres Luxussegment. Der französische Couturier Yves Saint Laurent revolutionierte die Modewelt, indem er 1966 mit *Yves Saint Laurent Rive Gauche* ein Label für luxuriöse Konfektionsware gründete und so ein breiteres und auch jüngeres Publikum ansprach. *Prêt-à-Porter* unterscheidet sich von anderen industriell hergestellten Konfektionswaren darin, dass sie immer noch die Handschrift eines bestimmten Designers trägt und mit hochwertigen Materialien zumeist in Italien produziert wird. Während *Haute Couture* mit Frühjahr/Sommer und Herbst/Winter-Kollektionen zwei Modezyklen pro Jahr umfasst und das typische *Prêt-à-Porter*-Haus zusätzlich zu diesen beiden Kollektionen noch zwei *Cruise Collections* anbietet, liefern Modeketten wie Zara, Primark, H&M, Topshop oder Mango eine Endlosschleife an neuen Kollektionen zu Billigpreisen. Oft sind darunter Billigversionen der teuren Designerstücke der *Haute Couture* oder *Prêt-à-Porter*-Mode. Ermöglicht wird diese hohe Frequenz durch eine extreme Beschleunigung der Produktion. Früher dauerte es zwischen zwei oder drei Monaten, bis ein neues Modeprodukt im Handel ankam. 2015 waren es laut der Wirtschaftsprüfungsgesellschaft KPMG weniger als zwei Wochen. *Fast Fashion* ist ein hyperbeschleunigtes System aus Angebot und Nachfrage, turbobefeuert von täglich neuen Trends der digitalen Netzwerke. Im Zeitalter von Amazon, Uber und Netflix haben sich Kundenerwartungen verändert. Wir schwingen unsere Smartphones wie die hitzköpfige Herzkönigin in Lewis Carolls »Alice im Wunderland« ihr Zepter und erwarten, dass, wenn wir ein Produkt online sehen – zum Beispiel über Fotos von einer Modenschau – dieses auch sofort erhältlich ist. Und wenn dies nicht geschieht, würden wir am liebsten jemandem den Kopf abschlagen. Unsere Frustrationstoleranz geht zunehmend gegen Null. Wir wollen nicht mehr ein halbes Jahr warten, bis ein Kleidungsstück im Laden erhältlich ist. *Fast Fashion* bedient diese Ungeduld. Und züchtet dadurch hungrige Konsummonster. Der durchschnittliche Verbraucher kauft heute 60 Prozent mehr Kleidung als noch vor 15 Jahren, trägt diese Kleidung jedoch nur halb so lang. Europäischer Marktführer in Sachen *Fast Fashion* ist Großbritannien. Das Land, das die *Fast Fashion* erfunden hat. Denn dort entstanden die die ersten Spinnereien der industriellen Revolution des 19. Jahrhunderts. Mit diesen Spinnereien begann der Beschleunigungsprozess der Mode. Mehr Stoffe konnten innerhalb wesentlich kürzerer Zeit hergestellt werden. Mittlerweile konsumieren britische Verbraucher pro Jahr durchschnittlich 27,6 Kilo Mode. Der europäische Durchschnitt liegt bei 20 Kilo. Innerhalb der letzten vier Jahre ist das Verkaufsvolumen von Mode in Großbritannien um ein Drittel angestiegen. Ein Drittel junger Britinnen, der größten Verbrauchergruppe, empfindet ein Kleidungsstück bereits als »alt«, wenn sie es ein oder zwei Mal getragen haben. Doch obwohl das Volumen gestiegen ist, ist die Summe, die Verbraucher durchschnittlich im Jahr für Mode ausgeben, etwa gleich geblieben. Es wird mehr für weniger verkauft. Mode ist zum Wegwerfprodukt geworden. *Fast Fashion* hat nicht nur die Strukturen der Modeindustrie revolutioniert, sondern auch, wie wir Mode konsumieren. Immer seltener entwickeln wir ein emotionales Verhältnis zu unseren Kleidungsstücken.

Ich habe noch ein altes T-Shirt aus dem Jahr 1989. Es hat alle Lebensphasen meines Erwachsenendaseins miterlebt, ist immer mit mir umgezogen, hat nie aufgegeben. Wenn ich es heute anziehe, ist es, als würde ich einen alten Freund treffen. Eine solche Objekt-Verbundenheit wird immer seltener, denn sie widersetzt sich der Konsumlogik der Modeindustrie.

Fast Fashion will, dass wir schnell und viel wegwerfen, damit wir schnell und viel konsumieren können. *Fast Fashion* ist der wichtigste Modetrend der letzten Jahre. Kein anderer Trend hat einen größeren und unmittelbareren Einfluss auf unser Verhalten, Realitätswahrnehmung, globale ökonomische Strukturen und die Natur. Zara ist dabei der Pionier.

Wenn ich am Zara-Laden bei mir zu Hause vorbeigehe und beobachte, wie die große Eingangstür die Menschen von der Straße aufsaugt, dann muss ich oft an diesen traurigen Samstagnachmittag in Notting Hill denken. Damals war es das erste Mal, dass ich extremes Suchtverhalten erlebt habe. Diese immer weiter eskalierende Endlosschleife aus Frustration und vorübergehender Befriedigung. Sucht, das ist ja immer auch die Sucht nach Frustration, durchbrochen von einem kurzen High. Natürlich ist Shopping von *Fast Fashion* nicht mit Crack-Konsum zu vergleichen. Und es gibt einen Unterschied zwischen pathologischer Einkaufssucht und dem durchschnittlichen *Fast Fashion*-Konsum. Trotzdem. Der starre Blick, mit dem die Leute auf den Zara-Laden zusteuern, kommt mir bekannt vor. Die Schaufenster strahlen bewundernswert wie das *Jeunesse dorée*-Image des Sohns der Modedesignerin, damals in Notting Hill. Dieser Freund damals glänzte im Schein seines Privilegs. Er war wohlhabend und talentiert, ohne reaktionär zu sein, kannte interessante Leute. Alles stimmte. Doch hinter der glänzenden Fassade sah es völlig anders aus. So auch beim Zara-Laden bei mir um die Ecke. Jedes Mal, wenn ich den Laden betrete, erschrecke ich, wie wenig das Innere mit dem glanzvollen Äußeren des Geschäfts zu tun hat. Im Inneren gibt es kein Tageslicht. Was im Schaufenster noch hochwertig gewirkt hat, ist im Geschäft kaum wiederzuerkennen, denn beim Anfassen stellt sich der Stoff als billiges Kunstfasergemisch heraus. Die Mode hängt unordentlich auf den billigen Plastikbügeln. Sobald die ersten Kunden morgens das Geschäft betreten, wird alles auseinandergewühlt. Kein Personal kann da mit Aufräumen je hinterherkommen. Aber das Wühlen nach den Schnäppchen ist eben Teil des Programms. Enthemmung ist der Name des Spiels, zu dem wir hier animiert werden. Ein chaotisches Spiel, an dessen Ende die leuchtende Klarheit der finanziellen Transaktion an der Kasse steht.

Das erste symbolische Kleidungsstück der Menschheit war das Feigenblatt. Das Feigenblatt suggeriert Scham. Wir bedecken unsere Triebe, unsere Verwundbarkeit – bedecken, was wir wirklich sind, aber nicht sein dürfen. Wir setzen uns und unseren Trieben Grenzen. Triebe, denen wir im Inneren eines *Fast Fashion*-Ladens keinen Einhalt gebieten müssen. Im Inneren eines *Fast Fashion*-Geschäfts dürfen wir nackt und verwundbar sein. Können unsere Schranken fallen lassen, dürfen die Scham vergessen. Innen dürfen wir uns – wie der Süchtige in seiner Drogenhöhle – unserer Haltlosigkeit hingeben. Alles ist so schön billig hier, so schnell verzehrbar, so ohne Konsequenz. Im *Fast Fashion*-Geschäft dürfen wir begehren und lieben, ohne dabei das Gefühl haben zu müssen, unsere Umgebung zu überfordern. Die Erfahrung, die wir alle irgendwann mal als Kind machen – nämlich, dass wir mit unserem Verhalten unsere Umgebung ans Limit bringen – stellt sich hier nicht ein. Im *Fast Fashion*-Billig-Paradies überfordern wir niemanden. Wir dürfen exzessiv begehren. Dürfen lieben, ohne dass wir damit terrorisieren.

Der britische Historiker Eric Hobsbawm (1917–2012) bezeichnete das 20. Jahrhundert als *Zeitalter der Extreme*. Hobsbawm war marxistisch ausgerichtet, mit dem Schwerpunkt Sozial- und Wirtschaftsgeschichte. Als ich Anfang der nuller Jahre für die *Financial Times* schrieb, war er für meine Kollegen und mich eine wichtige Referenz. Nicht aufgrund seiner sozialistischen Ansichten, sondern weil er die Geschichte der Menschheit als einen Ablauf ökonomischer Prozesse sah. *Follow the money*. Folge den wirtschaftlichen Triebkräften, analysiere die finanziellen Interessenverhältnisse, und du wirst die kulturellen, ja sogar sie psychosozialen Dynamiken besser verstehen. Geld macht alles so viel klarer. *Fast Fashion* macht dabei keinen Unterschied. Wenn das 20. Jahrhundert das *Zeitalter der Extreme* war – zwei Weltkriege, der kalte Krieg und die inoffiziellen Kriege der terroristischen Bewegungen geben Anlass zu dieser Bezeichnung – so hat man am Ende eines Einkaufstags in einem *Fast Fashion*-Laden Grund zur Annahme, dass es sich beim 21. Jahrhundert um das *Zeitalter des Exzesses* handelt. Exzess, das bedeutet, wir überschreiten unsere Limits. Wir ignorieren die Ermahnungen des Über-Ichs. Wir geben uns unseren Gelüsten hin und haben dabei das Gefühl, dass wir uns aller Grenzen und Frustrationen entledigt haben. Und das fällt uns umso leichter, wenn die anderen es auch tun. Exzess, so der britische Psychoanalytiker Adam Phillips, steckt an. Nicht nur beim Einkaufen. Wenn wir uns in den sozialen Netzwerken empören und gemeinsam mit anderen zum moralistischen

Rumpelstilzchen mutieren, sind wir uns dabei stillschweigend einig, dass wir wissen, was richtig ist und wie es eigentlich sein sollte. Schwelgen im wohligen Bad des Sich-Verstanden-Fühlens, eingebunden in die Empörungsgemeinschaft. Das Exzess-Kollektiv der *Fast Fashion*-Konsumenten weiß – ohne dass es ausgesprochen werden müsste – dass am Ende der Nacktheit immer das Feigenblatt steht. Wenn wir unser neues Feigenblatt erworben haben und mit der Tüte in der Hand den Laden verlassen, bedecken wir damit züchtig die noch eben erlebte Schamlosigkeit. Und für die kurze Zeit, mit der wir mit unserem noch jungfräulichen Feigenblatt durch die Straßen ziehen, fühlen wir uns makellos. Gleichzeitig ist die Tüte ein Souvenir an die noch vor Kurzem erfahrene, heimliche Lust. Scham, das ist immer auch Erregung.

Fast Fashion ist exzessives Konsumverhalten. Aber was ist das eigentlich, Konsum? Warum konsumieren wir? Warum wollen wir ständig etwas Neues besitzen, wenn wir doch eigentlich nichts brauchen? Der Ursprung der Konsumgesellschaft kann bis in die Mitte des 19. Jahrhunderts zurückverfolgt werden. Imperialistische Kolonialpolitik ermöglichte den entstehenden Industrienationen Europas Zugriff auf Rohstoffe wie Baumwolle. Oft bedeutete dies, dass das Kolonialland gezwungen wurde, Monokulturen einzuführen und sich auf den Export von wenigen Rohstoffen zu spezialisieren. Dies führte zu wirtschaftlichen Abhängigkeitsverhältnissen, deren Auswirkungen noch heute schmerzhaft zu spüren sind. Die durch koloniale Ausbeutung erwirtschafteten Rohstoffe wurden durch neue Technologien wie Maschinenspinnereien verarbeitet.

Wie nie zuvor konnten Konsumwaren innerhalb kurzer Zeit in hohen Stückzahlen hergestellt werden. Das Angebot war also vorhanden. Wie aber entstand die Nachfrage? Mitte des 19. Jahrhunderts wurden in den europäischen Metropolen die ersten großen Kaufhäuser eröffnet, zum Beispiel Harrods in London oder Le Bon Marché in Paris. Es war die Zeit der großen Weltausstellungen – die erste fand 1851 in London statt – zur Förderung von Handelsbeziehungen und zur kulturellen (Selbst-)Darstellung der einzelnen Länder. Besuchern wurde eine aufwendige Mischung aus Folklore und Exotik geboten, die zum Träumen anregte. Sie konnten hautnah erleben, wie es sich zum Beispiel anfühlt, durch einen arabischen Basar zu wandeln und sich in ferne Länder und Abenteuer zu träumen. Dem weiten Land der Seele wurden neue Fluchtpunkte ermöglicht. Die großen Kaufhäuser kopierten diese romantische Exotik in ihren Schaufenstern und verschwenderischen Auslagen. Wieder konnten sich die Besucher, während sie an mit exotischen Waren beladenen Tischen vorbeiwandelten, an einen fernen Ort träumen. Mit dem Unterschied, dass sie im Kaufhaus einen Teil dieses fernen Ortes erwerben konnten. Ihre Träume konnten ein Stück Realität werden.

Der britische Soziologe Colin Campbell schreibt denn auch in seinem Buch »The Romantic Ethic and the Spirit of Consumerism«, dass es beim Einkaufen nicht so sehr um reale Befriedigung von Bedürfnissen durch das eigentliche Produkt geht, sondern vielmehr um die träumerischen Erfahrungen, die wir mit dem Produkt verbinden. »Die eigentliche Erfahrung von Konsum ist nicht die Auswahl, Erwerb oder Benutzung von Konsumprodukten. Vielmehr geht es um den Genuss von Tagträumen, zu denen einen ein Konsumprodukt anregt«, so Campbell, der Konsum als »mentalen Hedonismus« bezeichnet. Demnach ist der Geist der Konsumgesellschaft alles andere als materialistisch. Und das Suchtverhalten, das zwanghafte Bedürfnis nach Neuem, entsteht dadurch, dass die Realität eines Konsumprodukts nie unserem Tagtraum standhalten kann. Wir stellen uns vor, dass uns die neuen Schuhe sexy machen und alle Selbstzweifel ausmerzen werden. Wir malen uns aus, wie wir angehimmelt und beneidet werden. Mit den neuen Schuhen wird die Welt uns gehören. Je näher die Transaktion an der Kasse rückt, desto mehr euphorisiert uns das High der Vorfreude. Vielleicht hält es sogar noch an, wenn wir die Schuhe auspacken und vor dem Spiegel ausprobieren. Aber spätestens, wenn wir sie tragen und merken, dass sich nichts, aber auch gar nichts verändert hat, platzt der Traum. Es ist die Vorfreude, die so süchtig macht. Dabei ist die Enttäuschung immer vorprogrammiert. Sie gehört zum Vorspiel für das nächste High.

Religion ist schon lange nicht mehr Opium für das Volk. Wer braucht Religion, wenn wir doch wissen, dass – wie es J. G. Ballard ausdrückte – »alles Gute einen Barcode hat«? Wenn sich moralische Entscheidungen auf die Wahl zwischen einem Kleid aus Polyester oder aus Bio-Fairtrade-Baumwolle reduzieren lassen? Schon seit einiger Zeit ist offensichtlich, dass unsere *Fast Fashion*-Sucht ökologisch auf Dauer nicht tragbar ist. Um ein einziges T-Shirt herzustellen und in den Laden zu bringen, bedarf es 2700 Liter Wasser. Die Weltbank schätzt, dass etwa 20 Prozent der globalen Wasserverschmutzung von der Modeindustrie verursacht wird. Etwa 25 Prozent weltweiter Insektizide und circa 10 Prozent aller Pestizide werden für den Anbau von Baumwolle verwendet. Für ein Kilogramm Textilveredelung sind etwa ein Kilogramm Chemikalien notwendig. Ein Viertel aller weltweit produzierten Chemikalien kommen in der Textilbranche zum Einsatz, viele davon hochgiftig und in manchen Herstellungsländern gesetzlich nicht reguliert. *Fast Fashion* arbeitet jedoch vor allem mit billigen Polyesterstoffen. Ohne diese wäre sie nicht machbar. Polyesterstoffe werden aus nicht erneuerbarem Erdöl hergestellt. Dabei entstehen – so eine Studie des Massachusetts Institute of Technology von 2015 – dreimal so viele CO_2-Emissionen wie bei der Herstellung von Baumwolle. Laut McKinsey generiert die Modeindustrie 10 Prozent der weltweiten CO_2-Emissionen. Die billigen Synthetik-Mischfasern, mit denen *Fast Fashion* arbeitet, eignen sich meistens nicht für den Wiederverkauf. Wenn sie recycelt werden, können sie allenfalls zu Putzlappen oder Isolierungs- beziehungsweise Füllmaterial verarbeitet werden, das nach Benutzung zu Müll wird und auf der Müllhalde landet. Laut dem Copenhagen Fashion Summit landen jedes Jahr 92 Millionen Tonnen *Fast Fashion* auf Mülldeponien.

Zu diesen katastrophalen Umweltstatistiken kommen schockierende Bilanzen in der Behandlung von Arbeiterinnen und Arbeitern. Um die Preise für *Fast Fashion* niedrig zu halten, lässt die Industrie oft in den ärmsten Ländern der Welt herstellen. Allen voran Bangladesch und Indien. In Bangladesch sind etwa 20 Millionen Menschen, etwa ein Achtel der Bevölkerung, von der Textilindustrie abhängig. Textilwaren machen 80 Prozent aller Exporte des Landes aus. Das hat auch positive Effekte: Seit 1990 hat sich die Armut in dem Land halbiert, die Lebenserwartung ist gestiegen, ebenso die Zahl der Kinder mit einem Grundschulabschluss. Doch spätestens seit dem Einsturz des Rana Plaza in Bangladesch im Jahr 2013 ist auch der westlichen Öffentlichkeit klar geworden, dass die Arbeiter oft unter menschenunwürdigen Bedingungen arbeiten. 1134 Menschen starben bei dem Unglück im Rana Plaza, und mehr als 2500 wurden verletzt. Mittlerweile ist es in das Bewusstsein vieler Verbraucher der reichen Industrieländer gedrungen, dass Billigmode einen extrem hohen Preis hat. Wir hören nicht auf zu shoppen, das zeigen die Umsatzzahlen. Aber die moralische Hemmschwelle zum Shoppingexzess ist gestiegen.

Die *Fast Fashion*-Industrie – allen voran Zara und H&M – hat erkannt, dass sie ihr Image verbessern muss, wenn sie ihre Marken bewahren will. Eine weltweite Umweltschutzbewegung wie die *Fridays for Future*-Proteste können sie nicht ignorieren. Ihnen drohen zukünftige Konsumenten abhanden zu kommen. Auch Erwachsene in den westlichen Industrienationen achten zunehmend auf Nachhaltigkeit. Das High im Laden kann noch so euphorisierend sein, Konsum ist zum moralischen Selbstdarstellungsprozess geworden. Durch die Kaufentscheidungen, die wir treffen, manifestieren wir uns zunehmend als bewusste ebenso wie modische Lebensformen. Umweltbewusstsein ist *en vogue*. Mit einer Marke, deren Glanz durch Umweltverschmutzung und Ausbeutung getrübt ist, wollen immer weniger Menschen in Verbindung gebracht werden.

Nachhaltigkeit und Produktionstransparenz sind denn auch die großen Themen, denen sich die Industrie widmet. Allen voran Zara. Inditex, der Besitzer von Zara, hat verkündet, dass bis zum Jahre 2025 alle seine Materialien entweder nachhaltig, bio oder recycelt sein werden. Ab 2020 sollen alle Kunden ihre gebrauchten Kleidungsstücke in den Laden zurückbringen können, wo diese entweder recycelt oder gespendet werden. Zara verfolgt zudem ein *nearshore*-Model, das heißt, um schneller auf Marktveränderungen zu reagieren und Abfall aus Überschussproduktion zu vermeiden, wird in kleineren Mengen an geschäftsnahen Produktionsorten wie Marokko oder der Türkei hergestellt. Auch Transparenz in den Arbeitsbedingungen ist so leichter herstellbar. Zara achtet auf eine positive Bilanz in der Behandlung von Arbeitern. Auch H&M bemüht sich, Kunden mit grünen Maßnahmen das Gefühl zu nehmen, dass *Fast Fashion* schmutzig ist. Auf der Website wird auf die verschiedenen Recycling- und Ethikkampagnen des Konzerns hingewiesen, und es gibt sogenannte *Conscious*-Kollektionen, die aus nachhaltigen Materialien produziert werden.

Konsumenten sollen kein schlechtes Gewissen haben müssen. Aber kaufen sollen sie trotzdem. Schamlosigkeit soll weiterhin ohne Scham stattfinden können. Die grünen Versprechen der *Fast Fashion*-Konzerne sollen das System nicht verlangsamen. Vielmehr sollen sie sicherstellen, dass die derzeitige Geschwindigkeit aufrechterhalten werden kann. Die auf Hochtouren dampfende Konsummaschinerie, die natürlich ihren ökologischen Preis hat, soll weiterlaufen. Indem die *Fast Fashion*-Industrie auf die moralischen Sorgen ihrer Kunden eingeht, wird die Konsumentscheidung zum positiven Erlebnis. Wir können stolz auf uns sein, dass wir das Richtige getan haben. Wir können weiterhin in der ewigen Konsumgegenwart vor uns hinträumen. Unser einziges spirituelles Bedürfnis besteht nunmehr darin, wie J. G. Ballard es prophezeite, einen Parkplatz zu finden.

Die meisten Leute gehen, so Adam Phillips, zur Therapie, damit sie sich nicht verändern müssen. Denn sich zu verändern, bedeutet Tod. Das Selbst, wie es bisher existierte, muss sterben. Und weil der Tod unvorstellbar ist, suchen wir verzweifelt nach Methoden, um immer gleich bleiben zu können. Die Recycling- und Fairtrade-Maßnahmen der *Fast Fashion*-Industrie können als ein solcher Gang zum Therapeuten verstanden werden. Aber was genau soll da therapiert werden? Es geht um mehr als um Umweltbelastung und Ausbeutung von Arbeitern, die kolonialen Abhängigkeitsverhältnissen gleichkommt. Es geht um mehr als um außer Kontrolle geratenen Exzess. Vielmehr geht es darum, dass uns die Tagträume des Konsums so viel wichtiger geworden sind als die Realität. Träume, die uns medial vorgespiegelt werden. Sie beherrschen unseren Online-Alltag, halten uns gefangen in einem digitalen Dornröschenschloss, in dem wir im Konsumhalbschlaf vor uns hindämmern.

Der antike Philosoph Plato beschrieb in seinem Höhlengleichnis die menschliche Existenz als die eines Menschen, der den ganzen Tag lang in einer Höhle angekettet ist. Er kann nicht einmal den Kopf bewegen. Das Einzige, was er sieht, ist das Licht, das vom Höhleneingang auf die Höhlenwand vor ihm fällt. Und weil er nichts anderes kennt, denkt er, dass es sich bei den Schatten der vor dem Höhleneingang vorbeiziehenden Menschen und Dinge um die Realität handelt. Wie soll er auch wissen, dass es nur Schatten sind? Er kennt die Realität ja nicht. Wir wissen, dass es sich bei den digitalen Projektionen auf unseren Mobiltelefonen und Bildschirmen nicht um die Realität handelt. Trotzdem lassen wir uns von ihnen hypnotisieren, starren sie an, als wären sie das einzig Wahre, Schöne. Laut Plato besteht die Aufgabe des Menschen darin, sich von den Fesseln zu lösen, zum Höhlenausgang hinauszugehen und die wahre Realität zu suchen. Wir bleiben aber lieber in unserer Höhle sitzen und lassen uns von den digitalen Schatten bespielen.

Wahrscheinlich hatte der französische Soziologe und Philosoph Jean Baudrillard, der den Begriff der Hyperrealität prägte und sich mit medialer Simulation beschäftigte, Recht, als er sagte:

>>*Realität hat noch nie jemanden interessiert.*<<

Die Träume und die nebulösen Emotionen, die den Konsumprozess befeuern, haben sich verselbstständigt. Sie betreffen nicht länger nur noch die käuflichen Dinge, sondern auch politische Prozesse. Über dem Nebelschleier undefinierter Gefühle, die durch Marketingträume angeregt wurden, steigen immer wieder neue Trugbilder einer exzessiv emotionalen Realität. Der *Homo Consumens* ist getrieben von Begehren, Ablehnung, Liebe, Wut. Das große Gefühl triumphiert über

Rationalität. Die Geister, die wir riefen, sind der Ladenfläche entflohen. Sie erweisen sich als so viel mächtiger als jedes rationale Argument. Wir werden verächtlich und grob in unserer Ausdrucksweise. Wir werden exzessiv. Wir spiegeln die exzessiven Emotionen, die vor uns auf die Höhlenwand projiziert werden. Und damit kollaborieren wir freiwillig mit unserem eigenen Betrug.

Das Gute an der Therapie ist, dass – solange man sich nicht so viele Gedanken über den Tod macht und was danach kommen soll, sondern einfach nur durchhält – sich überraschend positive und unvorhersehbare Veränderungen einstellen können. Ein neues Selbstverständnis entwickelt sich. Ohne dass man es merkt, stirbt das alte Ich. Wir können hoffen, dass es sich bei der *Fast Fashion* ähnlich verhält. Dass einfach dadurch, dass wir einen Anfang gemacht haben, Problemlösungen zu finden, sich unverhofft positive Entwicklungen offenbaren. Dass die ersten kleinen Schritte zu großen Veränderungen führen.

Der Sohn der Modedesignerin scheint es geschafft zu haben. Er hat drei wunderschöne Kinder. Auf seinem Facebook-Profilbild sieht er glücklich aus. Ich wünsche ihm sehr, dass es sich dabei um mehr als nur ein strahlendes Schaufenster handelt. Ein von seiner Mutter entworfenes Hemd, das er mir damals in London geschenkt hatte, trage ich immer noch.

VON WÖLFEN UND ANZÜGEN.
PATAGUCCI

Ich muss ein paar Videokassetten zurückbringen.
CHRISTIAN BALE IN »AMERICAN PSYCHO«

Es war mein erster Tag im Kindergarten. Ich war viereinhalb Jahre alt. Die Kindergärtnerin zeigte mir den Kletterbaum im Garten. Sofort rannte ich darauf zu und wollte den Ast hinauf. Da fühlte ich die Hand der Kindergärtnerin auf meiner Schulter. Nein, nein, sagte sie, das sei der Ast für die Jungs. Der andere Ast da, der sei für die Mädchen. Aber der Mädchen-Ast war langweilig. Auf dem konnte man nicht richtig klettern, sondern eigentlich nur darauf sitzen. Was sollte das? Wütend schaute ich zu, wie Sven Waldmann, der Sohn des Metzgers, auf dem Ast für Jungs herumturnte. Höhnisch grinste er mich an. Was für ein Blödmann. Das war alles so unfair. Ich solle doch wieder reinkommen und etwas basteln, meinte die Kindergärtnerin. Ihr Haar war geföhnt wie das von Frida von ABBA. Wir schrieben das Jahr 1975. Ich wollte nicht basteln. Mir war klar: Die Gesamtsituation in diesem Kindergarten war indiskutabel. Kurz darauf beschloss ich, anstatt in den Kindergarten zu meiner Freundin Stefanie zu gehen. Die durfte zu Hause bei ihrer Oma bleiben. Ich versicherte der Oma, dass meine Mutter wisse, dass ich nicht im Kindergarten, sondern bei ihr sei. Und wenn die beiden Uhrzeiger oben in der Mitte aufeinanderstanden, ging ich nach Hause. Das Ganze ging zwei Monate lang gut. Erst als der erste Schnee fiel und meine Mutter mit meinen grün-schwarzen Schneestiefeln zum Kindergarten kam, um mich abzuholen, flog ich auf. Von da an musste ich Sven Waldmann und seinen Freunden wieder beim Klettern zuschauen und mit den anderen Mädchen am Basteltisch sitzen. Ich weiß noch, wie ich das ganze Pergamentpapier meiner zu bastelnden Laterne nass geweint habe. Die Kindergärtnerin packte mich mit ihren langen, orange-braun lackierten Fingernägeln am Arm und schüttelte mich. Ich solle mich doch jetzt mal beeilen, morgen sei der Laternenumzug. Und so schwierig sei das doch nicht, bunte Schnipsel auf Papier zu kleben.

Das war die Urszene meines Feminismus. Viel verändert hat sich seitdem nicht. Immer noch begegne ich Kindergärtnerinnen und Metzgersöhnen. Wahrscheinlich liegt es an meinen sehr lebendigen Erinnerungen an meine frühe Kindheit, dass ich anfing, mich für Psychoanalyse zu interessieren. Das Ärgerliche an Freud ist natürlich, dass sich bei ihm alles um den Baum beziehungsweise den Phallus dreht. Bei ihm ist der männliche Körper – bzw. das Vorhanden- oder Nichtvorhandensein eines Penis – der normative Referenzpunkt seiner Theorien. Über der berühmten Couch in seinem Psychoanalysezimmer, auf der seine Patienten Platz nahmen, hing ein Bild von Ödipus und der Sphinx. Die Schlüsselbegegnung in

Freuds Weltbild. Eine Schwellensituation. Ein Zwischenraum zwischen Leben und Tod, zwischen dem früheren und dem zukünftigen Leben. Freuds Psychoanalyse artikuliert eine männliche Perspektive. Der Mann als Ödipus begegnet der Frau in Form einer Sphinx, deren Rätsel er zu lösen hat. Die Frau als enigmatisches Wesen von überwältigender, gefährlicher Sexualität. Die Möglichkeit, dass auch Frauen Rätsel lösen wollen, zieht Freud nicht in Betracht. Bei Freud existiere ich nur als nicht-phallisches Wesen, das Sven Waldmann um seinen Baum beneidet und dann dazu verdonnert wird, sich mit bunten Schnipseln zu beschäftigen.

Im Freud-Museum in London steht in der Lobby eine Vitrine. Darin befinden sich Sigmund Freuds Brille, Schuhe und sein schlichter Tweed-Mantel. Bevor wir Freuds Arbeitszimmer betreten, wo alles – inklusive Analysesofa – so belassen ist wie zu seinen Lebzeiten, bekommen wir einen Eindruck von Freuds Erscheinungsbild. Wie immer, wenn Kleidung ohne den menschlichen Körper ausgestellt wird, hat diese Vitrine etwas Unheimliches. Wir stehen an der Schwelle zum inneren Sanctum der Psychoanalyse und schauen auf geisterhafte Gegenstände, die noch die Spuren ihres verstorbenen Trägers aufweisen. Diese Kleidungsstücke bestätigen, was wir schon aus Fotos von dem Begründer der Psychoanalyse wissen: sein Erscheinungsbild war schnörkellos. Schlichte, dreiteilige Anzüge mit Hemd und Krawatte. Rational, gradlinig, markant. Gut angezogen, ohne dabei eitel zu wirken. Maskulin eben. 1919 veröffentlichte Freud den Essay *Das Unheimliche*. Darin beschreibt er, wie dem Altbekannten und Vertrauten das Grauenhafte innewohnen kann, weil es uns an verdrängte Emotionen erinnert. Irrationale Emotionen, denen unser Verstand hilflos ausgeliefert ist. Das Unheimliche steht somit im Zentrum der Psychoanalyse, die als Weiterführung der Aufklärung zu verstehen ist. Die Aufklärung entwirft ein optimistisches Bild vom Menschen als vernünftiges, moralisches Wesen. Die Psychoanalyse artikuliert das Irrationale, Triebhafte, Wahnsinnige, das von der Vernunftsphilosophie verdrängt wird. Und will uns dabei ermöglichen, das Irrationale in die Vernunftswelt zu integrieren. Die Kleidung, die Sigmund Freud trug – der schlichte, monochrome Männeranzug eines Wissenschaftlers und Arztes – ist Ausdruck des Vernunftprojekts der Aufklärung.

Über Jahrhunderte hinweg war Männermode ebenso opulent verziert, dekoriert und bunt wie Frauenmode. Status, Eitelkeiten und Begehrlichkeiten wurden von Männern ebenso durch ihr Erscheinungsbild zur Schau gestellt wie von Frauen. Männer schminkten sich, trugen Perücken und Schmuck. Auch wenn heute die obsessive Rosa-Pink-Fixierung kleiner Mädchen manche behaupten lässt, dass diese genetischen Ursprungs sei, so war Rosa früher vor allem die Farbe der Männer. Spanische Toreros tragen noch immer rosa Strümpfe. Blau dagegen war die Farbe, die mit der Madonna assoziiert wurde: In den Gemälden des Mittelalters und der Renaissance trägt sie ein blaues Kleid oder einen blauen Umhang. Erst mit der im 18. Jahrhundert aufkeimenden Reformbewegung der Aufklärung reduzierte sich das männliche Erscheinungsbild. Im Namen der Rationalität und des Fortschritts verschwanden Schnörkel und alles Ornamentale aus der Männerkleidung. Spitze, Farbe, Stickereien wurden als frivol erklärt und der Frauenmode zugeordnet. Angeregt von den Felduniformen von Soldaten (Napoleons Lieblingsuniform war die eines einfachen Kavallerieoffiziers) wurde die männliche Silhouette geradlinig und stramm, um nicht zu sagen phallisch. Die Farben dunkel und zurückgenommen. Eitelkeit wurde als weibliche Charaktereigenschaft fixiert. Feminin bedeutete verziert, oberflächlich, unvernünftig, grillenhaft. Männlichkeit dagegen strebte nach Vernunft, Erhabenheit, Schlichtheit. Weil Eitelkeit aber nicht weiblich, sondern menschlich ist, und Männer weiterhin ihren Status über Kleidung zum Ausdruck bringen wollten, entwickelte sich eine kodierte, weniger ostentative männliche Kleidersprache. Beau Brummell (1778–1840), Begründer des englischen Dandytums und Advokat der Männermode und des guten Geschmacks, lenkte den Fokus auf Details wie die Krawatte. Farbe und Material der Krawatte mussten immer perfekt abgestimmt sein. Sie gab nun genauso viel Aufschluss über ihren Träger wie früher ein gesamtes Outfit. Es entwickelte sich eine männliche Kleiderkultur, bei der minimalen Unterschieden in Stoffmustern, Schnitt und Stoffqualität große Bedeutung zugemessen wurde. Das Offensichtliche wurde für peinlich erklärt. Brummell verkündete: »Wenn einen Leute auf der Straße anstarren, ist man nicht gut angezogen, sondern entweder zu steif, zu eng oder zu modisch.« Es war der Beginn der großen männlichen Entsagung. Oder in der Sprache der Psychoanalyse: der großen männlichen Verdrängung.

Mit der industriellen Revolution war diese Verdrängung

perfekt. Heerscharen von Männern in schwarzen Anzügen, Schirm und Melone strömten in die Büros der neuen urbanen Zentren. Die *white collar workers* der sich neu formierenden Mittelklasse trugen ihre weißen Hemden und Anzüge wie Rüstungen und unterschieden sich dabei von den *blue collar-*Uniformen der Arbeiterklasse. Mann wurde zum Soldat in der großen Kapitalismus-Armee, und es waren die finanziellen Mittel sowie das sozio-kulturelle Kapital, mit dem Mann sich selbst seine Abzeichen verlieh. Friedrich Nietzsche preist den Anzug in »Menschliches, Allzumenschliches« als ein modernes Kleidungsstück, das den Mann in die Gemeinschaft einordnet und Eitelkeit und die Sucht nach Aufmerksamkeit ebenso abdämpft wie das kurzsichtige, im Aberglauben verhaftete Denken, das durch lokale Trachten gefördert wird. Der Anzug, wie er Ende des 19. Jahrhunderts zur Standardkleidung für Männer geworden war, die keine Uniform trugen, erlaubt fast jede Handlung. Laufen, Prügeln, Schlafen, Bäume Beklettern, wichtig Aussehen – im Anzug sind Männer für alles allzeit bereit. In einem guten Anzug, so erklärte mir ein befreundeter Regisseur, der sich seine Anzüge in der Saville Row, einer für die dort zahlreich ansässigen Herren-Maßschneider bekannten Einkaufsstraße in London, maßschneidern lässt, kann man *leben.* Man sieht auch noch gut darin aus, wenn man mal eine Nacht darin geschlafen hat. Saville Row, das ist der heilige Gral der Männlichkeitsuniform. Einer Uniform, zu der auch Sigmund Freuds Tweed-Mantel und Dreiteiler gehörten. Einer Uniform, die Ausdruck einer alles überspülenden Verdrängungswelle war. Emotionen wie Selbstverliebtheit, Sehnsucht,

Unsicherheit, Verletzlichkeit sucht der Anzug zu unterdrücken. Der Anzug macht den männlichen Körper zur Festung. Kein Wunder, dass es jenseits von Freuds Vorstellungsvermögen war, dass auch Frauen sich wie Ödipus auf die Suche begeben, Rätsel lösen und das Unmögliche begehren könnten. Waren doch Mann und Frau allein schon durch ihr Erscheinungsbild in entgegengesetzte Ecken des emotionalen Spektrums gedrängt worden. Und wie sollte die Frau auch suchen? Als Freud seine Theorien zur Psychoanalyse entwickelte, trugen Frauen noch Korsetts und Krinolinen. Ihre Handlungsfreiheit war extrem eingeschränkt.

In den sechziger Jahren begannen Männer, ihre innere Verspieltheit und Gefühle auch äußerlich wieder auszuleben. Trotzdem blieb der Anzug der Standard für die Ästhetik der Ernsthaftigkeit. Der Anzug definiert, wie man in der Wirtschaft und Politik ernst genommen wird. Angela Merkel trägt denn auch eine minimal feminisierte Version des Anzugs. Frauen, die in der Wirtschaft Karriere machen wollen, neutralisieren nicht selten ihre Weiblichkeit. Jegliche Verzierung, Wölbung, Arabesque wird eliminiert. Der Erfolg von Jil Sander in den Achtzigern kann auch darauf zurückgeführt werden, dass die Hamburger Designerin Frauen die gleiche neutrale Sachlichkeit ermöglichte, die bis dahin nur Männern zur Verfügung stand. Die Sachlichkeit des Anzugs versteckt die Tatsache, dass das Patriarchat und die Vormachtstellung des Mannes alles andere als rational und sachlich sind. Es ist nicht rational, dass Männer für dieselbe Arbeitsleistung mehr verdienen als Frauen. Es ist nicht vernünftig, dass am 1. Januar 2019 nur 8,6 Prozent aller DAX-Unternehmen ein weibliches Vorstandsmitglied hatten und 67 Prozent der deutschen Chefetagen ausschließlich von Männern besetzt waren. Das Patriarchat ist irrational. Es ist eine hochemotionale, ja, hysterische Angelegenheit. Und damit auch die Kleiderregeln, durch die es sich manifestiert. Wer gegen sie verstößt, skandalisiert.

In der Deutschen Kinemathek in Berlin befindet sich das Marlene Dietrich-Archiv. Dort wird neben vielen anderen Schätzen auch ein mit Nieten besetzter Armreif aus Sandelholz aufbewahrt, der Dietrich 1933 vom Pariser Polizeichef geschenkt worden war. Als Dankeschön, weil Dietrich auf dem Pariser Polizeiball gesungen hatte. Vor allem aber ist dieser Armreif ein Souvenir dafür, welche Aufruhr eine Frau in Männerkleidung früher entfachen konnte. Mit ihrem Auftritt auf dem Polizeiball hatte Dietrich die Pariser Gemüter beruhigt. Ihr Erscheinen in Paris im Mai 1933 in einem Männeranzug und Männermantel hatte einen Skandal ausgelöst. Und nicht nur das: Sie hatte junge Pariserinnen dazu angestiftet, es ihr nachzutun und Männeranzüge zu tragen. Dietrich hatte damit gegen ein Gesetz von 1799 verstoßen, das Frauen verbot, Hosen zu tragen. Obwohl das Gesetz schon lange nicht mehr durchgesetzt worden war, wurde es erst 2013 offiziell abgeschafft. Lange Hosen waren während der Französischen Revolution ein Zeichen der *Sansculottes,* der revolutionären Pariser Arbeiter und Kleinbürger, die sich damit von dem kniebundhosentragenden Adel unterschieden.

Eine kleine Revolution war es auch, als Yves Saint Laurent 1966 »Le Smoking« für Frauen kreierte, einen schwarzen

4.10 - 93/16 3-00 019

Abendanzug mit einem schwarzen Satin-Streifen auf der Seite des Hosenbeins und einer weißen Rüschenbluse. Es war das erste Mal, dass ein Modehaus Hosen als Abendgarderobe für Frauen anbot. Als Frauen so erstmals die Männerdomäne des Anzugs betraten, war die Aufregung groß. Immer wieder kam es vor, dass »Le Smoking« tragende Frauen keinen Einlass in Restaurants oder Clubs erhielten. Bedeutete die Frau im Anzug doch, dass sich Frauen einerseits all der Attribute ermächtigten, die wir mit dem Anzug assoziieren – Rationalität, Effektivität, Macht – und gleichzeitig den Anzug feminisierten und ihn seiner Maskulinität beraubten. Gender, das ist ein Rollenspiel. Gender ist immer performativ.

Innerhalb der letzten zwei Jahrzehnte haben sich Regeln des Gender-Rollenspiels erneut verändert. War der Anzug jahrzehntelang die Nullkurve im Koordinatensystem der Normalität, wie der englische Künstler und Transvestit Grayson Perry es ausdrückt, so erleben wir derzeit eine Veränderung im maskulinen Erscheinungsbild. Und damit auch – schließlich leben wir immer noch im Patriarchat – im Erscheinungsbild der Macht. Als Stichjahr können wir das Jahr 1989 ansetzen. 1989, das war nicht nur der Fall der Mauer. 1989 – also 200 Jahre, nachdem der Geist der Aufklärung in der Französischen Revolution mündete und damit auch die verzierten Schoßröcke, Kniebundhosen, Perücken und Schminke des *Ancien Régimes* endgültig verschwanden – erfand der britische Informatiker Tim Berners-Lee die HTML und begründete damit das World Wide Web. Es war der Beginn der Digitalen Revolution. Noch 1987 hatte Michael Douglas als Gordon Gecko in Oliver Stones

Film »Wall Street« verkündet: *Greed is good*. Und sah dabei in seinem maßgeschneiderten Anzug, seinen Hosenträgern, seinen blitzenden Manschettenknöpfen und blankpolierten Maßschuhen teuflisch gut aus. Gordon Gecko war der Inbegriff der Achtziger. Einer Dekade, die wir rückblickend als das goldene Zeitalter des Anzugs betrachten können. 1980 wurde der norditalienische Designer Giorgio Armani durch den Richard Gere-Film »American Gigolo« zum Inbegriff männlicher Eleganz. Giorgio Moroder, Erfinder des Münchner Disco-Sounds und Produzent von Hits wie Donna Summers »I feel love«, kannte das neu gegründete Label aus Italien und hatte es dem »American Gigolo«-Regisseur Paul Schrader vorgestellt. Moroder komponierte den Soundtrack von »American Gigolo«. In der mittlerweile legendären Szene, in der Richard Gere Anzüge aus dem Schrank holt und verschiedene Outfits zusammenstellt, definiert sich der männliche Modegeschmack einer ganzen Dekade. Gere spielt in dem Film einen Gigolo, also eine Prostituierte. In dieser Szene objektifiziert er sich selbst, um sich konsumierbar zu machen. Auch das ist Teil des Erbes der achtziger Jahre: Die Kultivierung des männlichen Körpers für den nicht-männlich-nicht-heterosexuellen Blick. Das Athena-Poster vom nackten Muskelmann mit Baby aus dem Jahr 1987, das so viele Mädchenzimmer und Friseursalons der späten Achtziger zierte, bereitete den Weg für die Calvin Klein-Unterhosenwerbung, die halbnackten Boy-Bands und den völlig nackten Til Schweiger in »Der bewegte Mann« der Neunziger. Die Worte des französischen Schriftstellers Théophile Gautier gewannen eine völlig neue Bedeutung: »Früher hatten schöne

Frauen automatisch dumm zu sein. Heute können auch schöne Männer dumm sein.«

Der Anzug verlor zunehmend seine Neutralität. Er war nicht mehr die ausdruckslose Uniform der grauen Männer in Michael Endes Jugendroman »Momo«, die den Menschen die Zeit stehlen und ihnen die Freude am Leben nehmen. Nein, als die Alternativbewegung, deren mythischer Guru Michael Ende gewesen war, 1998 mit der rot-grünen Koalition an die Spitze der Machtpyramide aufstieg und der ehemalige Revolutionär Joschka Fischer als Außenminister im Dreiteiler auftrat, war der Anzug schon dem postmodernen Spiel zwischen Signifikat und Signifikant zum Opfer gefallen. Die grauen Herren sahen mittlerweile anders aus. Im Silicon Valley formierte sich eine neue Generation, die die bisherigen Insignien der Macht ablehnte. Allen voran der Apple-Gründer Steve Jobs, der einen schwarzen Rollkragenpullover und Bluejeans zu seinem Markenzeichen machte. Microsoft-Gründer Bill Gates trat zwar in Anzug und Krawatte auf, aber Microsoft war ja auch der Antichrist. Microsoft war die Hochburg der Herren in Grau. Nein, die typischen Silicon Valley-Firmengründer oder Investoren sahen sich selbst als Querdenker. Unkonventionell, unorthodox. Sie lebten auf einem anderen Planeten als die Anzugträger der Wallstreet. Deren Wertesystem interessierte sie nicht. Sie wollten die Welt verändern. Dazu brauchte es keine Gordon Gecko-Outfits. Im Gegenteil, der Anzug und das damit verbundene konservative Wertesystem galt als Korsett für den Verstand. 2004 gründete Mark Zuckerberg das soziale Netzwerk Facebook und veränderte, wie wir kommunizieren, und damit auch, wie Politik funktioniert. Zuckerberg trug keinen Anzug, sondern vorzugsweise ein blaues oder graues T-Shirt. Macht sah nun endgültig anders aus. Im Vergleich zu Zuckerberg wirkte der typische Wallstreet-Banker mit seinem Maßanzug und Seidenkrawatte wie der Perücke tragende, geschminkte Prinz Talleyrand neben Napoleon. Talleyrand hatte schon das *Ancien Régime* als führender Diplomat vertreten und wurde von Napoleon zum Außenminister ernannt. Aber Talleyrand weigerte sich, sein Auftreten der neuen Ordnung anzupassen und hielt an der Opulenz des *Ancien Régime* fest.

Die Wall Street dagegen passte sich an. Ein neues Kleidungsstück tauchte auf: Die Fleeceweste. Vorzugsweise die Fleeceweste der Marke Patagonia. Einem Unternehmen, das sich durch Nachhaltigkeit und Nähe zur Natur definiert. Die Fleeceweste war schon Ende der Neunziger zur Standardkleidung von Silicon Valley geworden. Und mit dem Erfolg der Tech-Firmen an den Börsen wurde die Fleeceweste zum Lieblingsstück einer neuen Spezies Mann: Dem Tech-Milliardär. Amazon-Chef Jeff Bezos wurde darin gesichtet und Mark Zuckerberg auch, ebenso Tim Cook von Apple und Max Levchin von PayPal. Mittlerweile ist die Fleeceweste auch zur neuen Uniform der Wall Street und der amerikanischen *corporate*-Welt geworden. Die großen Wall-Street-Firmen wie Morgan Stanley und Merril Lynch lassen Fleecewesten mit ihrem Firmenlogo besticken und verteilen sie an ihre Angestellten. Die Fleeceweste mit dem Corporate Logo ist nun die neue Identitätsmontur. Statt Anzug trägt der amerikanische Durchschnittsangestellte im Finanzsektor eine Fleeceweste, Hemd, graue Hose und Loafer. Das Firmenlogo wird stolz als Unterscheidungsmerkmal auf der Brust zur Schau gestellt, ansonsten verschwindet Mann im Meer der Finanzarmee. Gerade für Berufseinsteiger, die jahrelang für exzellente Noten an Eliteuniversitäten geackert haben und nun mit der ebenso verwirrenden wie unattraktiven Realität der Finanzwelt konfrontiert werden, bietet die »power vest« eine Identität, an die sie sich klammern können. Der Patagonia-Look im Finanzsektor ist so stereotyp geworden, dass er mit #patagucci – oben Patagonia-Weste, unten Gucci Loafer – schon sein eigenes Hashtag hat und in den sozialen Netzwerken parodiert wird. Dabei sind die Ziele vieler dieser Wall-Street-Firmen alles andere als kongruent mit denen von Patagonia. Der Hersteller sah sich in der schwierigen Situation, dass der Erfolg und die Beliebtheit seiner Produkte die Identität der Firma bedrohten. Im Frühjahr 2019 gab Patagonia bekannt, dass man von nun an keine Westen mehr für Firmen zur Verfügung stellen würde, deren Firmenethos Patagonias umweltfreundlichen Firmenzielen widersprach. Die Aufregung an der Wall Street war so groß, dass das *Wall Street Journal* mehrmals darüber berichtete.

Die Fleeceweste hat schon lange ihr unorthodoxes Querdenker-Image verloren. Sie ist zur Norm geworden. Sie symbolisiert das, wofür früher der Anzug stand: Neutralität. Männliche Neutralität. Denn es sind die Männer, die sie tragen. *Patagucci* ist ein männliches Phänomen. Frauen mühen sich weiterhin ab, Ernsthaftigkeit, Rationalität und Weiblichkeit miteinander zu verbinden. Mit der Fleeceweste ist die große männliche Verdrängung, die schon einmal mit dem Anzug stattgefunden hatte, noch einen Schritt weiter gegangen. Während der Anzug einen Mann objektifizieren kann, stellt die Fleeceweste die totale Ent-Objektifizierung dar. Klar, das Firmenlogo brandmarkt den Träger und zeigt, wer sein Lehnsherr ist. Aber es bedarf schon eines ganz besonderen Fetischs, um diese Abzeichen der neuen Feudalgesellschaft begehrenswert zu finden. Nein, sexy sind diese Westen nicht. Die Fleeceweste ist das nächste an der Pille-für-den-Mann, was derzeit auf dem Markt ist. Gleichzeitig bedient die Fleeceweste das Männlichkeitsklischee des aktiven Mannes in der freien Natur. Der *Action Man.* Die Fleeceweste erinnert an Camping-Trips, an von jeglichen Zwängen befreite Fahrradtouren mit dem Mountain Bike. An Männer, die in der Wildbahn überleben können und dafür Taschenmesser und andere Männlichkeitsutensilien in den extra dafür vorgesehenen kleinen Taschen bei sich tragen. Die Fleeceweste ist besonders gut geeignet, wenn Mann auf einen Baum klettern will. Die Fleeceweste verspricht Freiheit und Authentizität. Und welcher Mann will das nicht haben? Besonders, wenn er den ganzen Tag lang an seinen Bürotisch gekettet ist und von seinem Mobiltelefon überwacht wird.

Der Untergang des Anzugs und der Aufstieg der Fleeceweste gehen einher mit der Einführung des *Casual Friday* und der allgemeinen Entspannung der Kleidungsregeln am Arbeitsplatz. Auch hier war das Jahr 1989 entscheidend. Richard Press und Joseph Cosgriff beschreiben in »Rebel Without A Suit«, wie der Börsencrash vom 13. Oktober 1989 dazu führte, dass amerikanische Firmen die Kleiderregeln lockerten. Es war

eine der wenigen Maßnahmen, mit denen Firmen ihren Angestellten Leistungsanreize bieten konnten, ohne dabei Kosten
zu verursachen. Der Ausdruck *business casual* führte anfangs
zu großer Verunsicherung. Was war am Arbeitsplatz angemessen? Wieviel Persönlichkeit, wieviel Freizeitkleidung durften
und wollten Angestellte zeigen? *Casual Friday* wurde zum potenziellen Fettnäpfchen für problematische Kleidungsent-
scheidungen. Der Jeans-Hersteller Levi Strauss erkannte, dass
sich in diesem Dilemma eine Marktlücke auftat. Sie begannen, ihre relativ neue Marke »Dockers« – khaki- und beige-
farbene Chinos – als *Casual Friday*-Lösungen zu vermarkten.
1992 schickte die Dockers-Marketingabteilung eine achtseitige
Broschüre mit dem Titel »A Guide to Casual Businesswear.
Ideas for Dressing Professionally at Work« an 25 000 amerikanische Personalabteilungen. Die Personalleiter, die ja auch
keine Ahnung hatten, was *Casual Friday* bedeuten sollte, und
sich in den Jahren zuvor in der ungewollten Rolle des Mode-
beraters wiedergefunden hatten, nahmen diese Hilfe dankbar
entgegen. Die neue Arbeitsuniform des amerikanischen Angestellten war geboren. Wenn Sie heute das Pech haben, an einem
Flughafen wie Philadelphia zu stranden, werden Sie feststellen,
dass mindestens 80 Prozent aller männlichen Fluggäste dort
in Chinos mit Polohemd und Fleeceweste herumlaufen. Am
besten noch mit einem Gürtel, der viel Raum für Expansion
bietet und an den Mann ein Etui für sein Mobiltelefon heften
kann. Indem nun auch Banker und Börsenmakler eine Fleeceweste tragen, passen sie sich dem amerikanischen Mittelstand
an. Nach dem Bankencrash von 2008 umwehte Banker und

ihre Anzüge ein Hauch von Kriminalität. Die Fleeceweste ist vielleicht kein Schafspelz, aber doch eine Camouflage für die Wölfe der Wall Street. Tragen sie doch damit genau die gleiche Kleidung wie der Mittelstand, der beim Crash von 2008 seine Ersparnisse verlor. Mit der Fleeceweste ist Macht wieder unsichtbar geworden. Und damit noch mächtiger.

Nur im Kundengespräch war der Anzug mit Krawatte immer noch die Norm für Banker. Dies veränderte sich schlagartig, als David Solomon, der neue Chef der führenden Investmentbank Goldman Sachs, im März 2019 ein Memo an seine Angestellten schickte. Solomon – der nebenbei als DJ D-Sol Techno-Pop produziert – ließ darin verlauten, dass von nun an Anzug und Krawatte für alle Goldman Sachs-Angestellten nicht mehr obligatorisch, sondern optional seien. Weitere Angaben zu Kleidungsregeln blieben aus. »Wir wissen alle, was angemessen ist und was nicht«, so Solomon in dem Memo. »Natürlich ist legere Kleidung nicht für jeden Tag und für jede Kundeninteraktion angemessen. Wir vertrauen auf Ihr Urteilsvermögen.« Mit dieser Entscheidung ging Goldman Sachs auch auf die sich veränderten Erwartungen und Vorlieben einer Belegschaft ein, von der 75 Prozent nach 1980 geboren sind. Die sogenannten Millenials. Eine Generation, die sich unter anderem durch das in den frühen nuller Jahren entstandene MacBook-Prekariat auszeichnet. Letzteres verfolgt eine Kreativitätsideologie, die einhergeht mit der Liberalisierung von Arbeitsverhältnissen und weitläufig erhältlichem WiFi. Diese Ideologie ist der Vorstellung verhaftet, dass es sich bei ihren Anhängern um einzigartige Individuen handelt, die wichtige innere Vorgänge kreativ zum Ausdruck bringen. Dass sich diese Kreativität hauptsächlich durch Konsumentscheidungen bemerkbar macht, stört dabei nicht weiter. Besonders nicht, wenn es sich bei den Konsumentscheidungen um moderne Möbelklassiker handelt – ein Mies van der Rohe oder Eames Chair gelten immer als Zeichen ausgeprägter Kreativität. Für das Kreativprekariat stellt der Anzug immer noch das Feindbild dar. Politiker tragen Anzüge. Mark Zuckerberg trug gezwungenermaßen einen Anzug, als er vor dem US-Kongress zu den Praktiken von Facebook befragt wurde. Auch wenn der Anzug sich zunehmend aus dem Arbeitsleben verflüchtigt und die männliche Neutralitätsmaskerade neue Formen angenommen hat, steht der Anzug für konservative Konformität. Dem Gegenteil von Kreativität. Soho House, die in London Anfang der Neunziger gegründete internationale Kette von Privatclubs und Hotels für Mitglieder der Kreativindustrie, deklariert denn auch in den Club-Regeln: *No Suits*, keine Anzüge.

Kreativität ohne Talent und ohne Inhalt, das ist Basteln. Sie können sich denken, was ich davon halte. Rationalität dagegen ist etwas Positives. Unsere Demokratie, unser Rechtsstaat und damit auch unser Streben nach Gerechtigkeit und Freiheit beruhen auf Rationalität und Vernunft. Freud – trotz all seiner Defizite – zeigt uns, wie wir uns zumindest bemühen können, uns selbst und unsere Mitmenschen zu verstehen. Indem er sich selbst analysierte und seine eigenen ödipalen Erinnerungen beschrieb, bewies er uns, dass Rationalität nichts mit Verdrängung zu tun hat. Der Anzug ist Ausdruck eines Strebens nach Rationalität. Bis vor Kurzem noch hatte das Pa-

triarchat die Rationalität für sich gepachtet. Und damit auch den Anzug. Wenn Feminismus etwas bewirken muss, dann, dass Rationalität für alle da ist. Und damit auch, dass der Anzug von allen getragen werden kann, egal wo wir uns auf dem Gender-Spektrum befinden. Das Aufklärungsprojekt und die Rationalität sind jedoch in Gefahr. Statt uns zu größerem Miteinander und Verständnis zu bewegen, polarisieren uns soziale Netzwerke wie Facebook. Der öffentliche Raum hat sich radikalisiert. Nicht nur in der rechten Krawallecke, sondern in allen politischen Bereichen. Die digitale Revolution droht alles zu zerstören, was durch die Französische Revolution erreicht wurde. Da hilft es nicht, wenn wir ein Ramones-T-Shirt im Büro tragen und uns dabei vermeintlich frei fühlen. Wenn wir nicht nur durch unsere Worte, sondern auch mit unseren Körpern und damit auch unserer Kleidung dem Kollaps der Rationalität etwas entgegensetzen wollen, ist der Anzug vielleicht keine schlechte Lösung. Miuccia Prada drückte das in der Herbst/Winter-Ausgabe 2003 des *AnOther*-Magazin so aus: »Wenn alles schon ausprobiert wurde, ist die Idee des Traditionellen und des Konservativen manchmal die einzige Möglichkeit, anders zu sein.« Es war Talleyrand in seinem altmodischen Gehrock und seiner Perücke, der Napoleon zu Fall brachte. Talleyrand hatte erkannt, dass Napoleons Kriegstreiben die Staatsräson Frankreichs gefährdete. Und vielleicht braucht es eine Momo im Anzug, um den grauen Herren in *Patagucci* Einhalt zu gebieten.

LUXUS ODER
DER CLUB DER ROTEN MÄNTEL

»Unendlichkeit ist eine wirklich lange Zeit,
besonders gegen Ende hin.«
WOODY ALLEN

Als ich nach dem Abitur zum Studium nach London ging,
war ich noch ein Teenager. Meine Mutter brachte meine zwei
Koffer und mich zum Kasseler Hauptbahnhof, wo ich den Zug
nach Ostende nahm. Von dort aus setzte ich mit der Fähre
nach England über. Es ging weiter per Zug zur Euston Station
in London, von wo aus ich mit der U-Bahn zum Londoner
Stadtrand fuhr und von da aus mit dem Bus zum Universitäts-
campus. Die erste Person, der ich dort begegnete, war eine Irin
namens Ailbhe. Eine winzige Person mit langen, bunten Haaren und einem mir kaum verständlichen Dubliner Akzent. Sie
trug eine selbstgenähte Bomberjacke aus rotem Gardinenbro-
kat, Minirock, lila Wollstrumpfhosen und auch bei Schneefall
löcherige Converse-Turnschuhe. Sie war der coolste Mensch,
der mir je begegnet war, und ganz sicher auch der wildeste. Wir
wurden Freundinnen. Ailbhe war mit einem Typen namens

Scruff zusammen, der in einem besetzten Haus wohnte und Speed an Nordlondoner Punkbands vertickte. Scruff war sehr dünn und fortwährend nervös, mit dunklen Ringen unter den Augen. Sein Afro war an den Seiten rasiert und ragte nach oben wie ein Pilz. Er war immer ganz in weiß gekleidet, dazu ein riesiger roter Parka. Scruff war mir etwas unheimlich, aber er hatte Stil. Eines Morgens fuhren wir nach einem illegalen Rave mit der U-Bahn zurück zum Campus. Ailbhe und Scruff saßen mir gegenüber. Beide trugen ihre roten Jacken. Die U-Bahn war überfüllt mit Büroangestellten auf dem Weg zur Arbeit. Nur neben Scruff war noch ein Platz frei. Niemand wollte sich neben ihn setzen, denn mit seinen weit aufgerissenen Augen sah er aus wie Malcolm McDowell in »A Clockwork Orange« – nur eben mit Afro und rotem Parka. Doch eine Frau in einem roten Mantel, so um die 50, konnte nicht mehr stehen. Ihre unbequemen Schuhe drückten sie. Sie fasste sich ein Herz und setzte sich neben Scruff. Nun saßen die drei nebeneinander: Ailbhe in ihrer roten Bomberjacke, Scruff im roten Parka und die Frau in ihrem adretten roten Wollmantel. Scruff drehte sich zu ihr um und musterte den Mantel. Mit völlig irrem Grinsen fragte er sie: »*Wanna join the red coat club?*« Die Frau sprang erschrocken auf und flüchtete ans andere Ende des Wagens.

Kleider können das. Sie können uns vereinen. Ohne dass man es will, gehört man plötzlich einem Club an. Oder aber wir benutzen sie bewusst, um uns Zugehörigkeit zu einer Gruppe zu verschaffen. Wie Soldaten die Abzeichen auf ihren Uniformen, erkennen und beurteilen wir einander anhand der Kleider, die wir auf unseren Körpern tragen. Kleidung, und damit auch Mode, ist immer auch ein kollektives Ritual. Virginia Woolf drückte das in ihrem Roman »Orlando« so aus:

> »*There is much to support the view that it is clothes what wear us, and not we them; we may make them take the mould of arm or breast, but they mould our hearts, our brains, our tongues to our liking.*«

Mode ist Kleidung, aber nicht jede Kleidung ist Mode. Kleidung ist funktional, sie bedeckt den Körper. Kleidung tut so, als hätte sie mit der Euphorie des Neuen nichts zu tun, in der Mode ununterbrochen erzittert. Kleidung gibt sich der Illusion hin, dass sie sich von Fesseln der Oberfläche gelöst hat. Dass das schnelle Geschäft mit dem Begehren ihr nichts anhaben kann. Dass sie über den lächerlichen Capricen irgendeines Designers steht. Doch ebenso wie die Körper, die sie bedeckt, kann Kleidung nicht *nicht*-kommunizieren. Kleidung – wie auch ein Körper – kann weder schweigen, noch kann sie sich dem großen, immerwährenden Spiel der Mode entziehen, in dem Trends anspülen und verschwinden wie Ebbe und Flut. Meryl Streep bringt es als teuflische Mode-Chefredakteurin in der Komödie »The Devil Wears Prada« (2006) auf den Punkt: Ein blauer Pullover ist nie nur ein blauer Pullover. Irgendwann wurde seine Farbe von einem Designer eines der großen Modehäuser für eine Kollektion ausgewählt, danach tauchte die Farbe in anderen Designerkollektionen auf, wurde von *Fast Fashion* und weniger exklusiven Modemarken aufgegriffen, bis sie schließlich ein paar Jahre später auf den Wühltischen eines

Kaufhauses landete, das Kleidung für Leute verkauft, die angeblich nichts mit Mode zu tun haben.

Visionäre Designer wie Miuccia Prada, Alessandro Michele (Gucci), Nicolas Ghesquière (Louis Vuitton) oder Hedi Slimane (Celine) – um nur ein paar lebende und momentan aktive Modeschöpfer zu nennen – sind Zeitgeist-Maschinen, deren kreative Entscheidungen Kettenreaktionen auslösen, die irgendwann sogar den Socken tragenden Tischtennisspieler im FFK-Club erreichen. Sie stehen an der Speerspitze einer globalen Industrie, deren Volumen auf etwa 1,2 Billionen Euro geschätzt wird. Die Designhäuser, die sie leiten – ebenso wie die Designer von Traditionshäusern wie Dior, Chanel oder Hermès – bilden innerhalb dieser Industrie das Luxussegment. Mit anderen Worten, die oberste Schicht der Wertepyramide. Der weltweite Markt für Luxusgüter umfasste laut einer Studie von Bain & Company im Jahr 2018 260 Milliarden Euro. Sechs Prozent mehr als im Vorjahr. Für die kommenden Jahre wird ein ähnliches Wachstum erwartet. Besonders in China ist die Nachfrage nach modischen Luxusgütern aus Europa weiterhin ungebrochen.

Dabei muss man bedenken, dass ein Designer wie Nicolas Ghesquière zwar visionäre Kollektionen liefert. Aber das Geld verdient sein Arbeitgeber mit Lederwaren, die mit dem Louis Vuitton-Logo überzogen sind. Die Kollektionen sind, wenn nicht unbedingt Ablenkungsmanöver, eher Beweis und Aushängeschild für die Coolness der Marke. Die Kollektionen beschützen die Marke davor, angestaubt, krass oder neureich zu wirken. Ghesquière stellt sicher, dass das LV-Logo weiterhin ein Abzeichen für einen Club ist, dem die Kunden angehören wollen.

Was das für ein Club ist, wurde mir vor Kurzem auf einem Flug von Nizza nach München überdeutlich vor Augen geführt. Die Maschine war schon gelandet, und die Fluggäste standen im Gang und warteten auf das Öffnen der Flugzeugtür. Vor mir in der Business Class stammte jedes zweite Gepäckstück von Louis Vuitton, und jede Frauenhandtasche entweder von Louis Vuitton, Chanel oder Hermès. Klobige Uhren glänzten an den Männerarmen. Fast die gesamte Business Class trug die Uniform des Vereinten Eurotrash-Jetsets: Gestärktes Hemd beziehungsweise Hemdbluse, farbige Jeans, Kaschmirpullover, sportliche Designerturnschuhe oder Loafer, nach oben geschobene Sonnenbrille und zurückhaltenden Schmuck von Tiffany, Cartier oder Hermès. Alle waren sehr gepflegt. Nur die Mobiltelefone deuteten darauf hin, dass wir uns nicht im Jahr 1989 befanden. Modetrends schienen die Reisenden wenig zu interessieren. Ich bezweifele, dass ihnen die Kollektionen der einzelnen Modehäuser vor Augen standen, deren Luxusartikel sie trugen. Nein, ihre Kleidung war auf bleibende Werte und Langfristigkeit angelegt wie ein sicheres Aktienportfolio. Zumindest ihr Äußeres vermittelte Gelassenheit, eine innere Ruhe, die einem angeblich nur Reichtum verschaffen kann. Natürlich waren sie nicht so reich, wie die wirklich Reichen der Côte d'Azur, denn sonst wären sie nicht Lufthansa, sondern mit ihrem Privatjet geflogen. Aber zumindest waren sie reich genug, um sich gegenseitig Fotos von ihren Infinity Pools auf ihren Mobiltelefonen zu zeigen. Ich bin oft und wirklich sehr gern an der Côte d'Azur. Das Problem ist nur, nach etwa zwei Wochen schleicht sich bei mir dort immer der Gedanke ein, dass es doch sinnvoll wäre, mir ein Paar Hermès-Sandalen zu kaufen. Dass mein Leben dann einfach besser, glücklicher, nachhaltiger und irgendwie sicherer wäre. Dann weiß ich immer: Es ist Zeit, abzufahren.

Natürlich frage ich mich, wo das herkommt, dieses plötzliche und unerklärliche Verlangen nach lächerlich teuren Hermès-Schuhen. Ich habe doch sonst gar nichts gemeinsam mit solchen Leuten, warum will ich auf einmal zu ihrem Club gehören? Eine mögliche Erklärung kam mir, als ich während der Mittagszeit in einem Café in einer Münchner Einkaufspassage saß. Draußen in der Passage und vor mir an den anderen Tischen lauter Frauen, die aussahen, als wären sie gerade aus Nizza eingeflogen. Genauso viele Designermarken, aber alles ein bisschen urbaner. Schließlich befanden wir uns ja in München und nicht an der Promenade des Anglais. Frauen, die perfekt frisiert, geschminkt, vollendet aussahen. Viele von ihnen waren wesentlich jünger als ich. Und doch wirkten sie auf mich so viel erwachsener und stabiler. Ich dachte: Wie schaffen die das nur? Ich habe mich in meinem ganzen Leben noch nie so gefühlt, wie diese Frauen aussehen. So perfekt. So unter Kontrolle. Mir wurde wieder einmal klar, was für ein unvernünftiges Durcheinander ich doch bin. Jeden Tag kapituliere ich vor mir selbst. Aber das Gute am Älterwerden ist ja, dass einem irgendwann klar wird: Niemand führt ein gesegnetes Leben ohne Probleme, niemand steht immer nur auf der Sonnenseite. Nicht einmal an der Riviera. Jeder kennt inneres Chaos, Angst,

Zweifel, Scham. Nur waren diese perfekten Frauen mit ihren teuren Kleidern und ihren Designer Handtaschen besser darin, es zu verbergen.

Luxus-Mode ist eine Rüstung. »You can kiss my Chanel buttons«, sagt Patsy in der britischen Comedy-Serie *Absolutely Fabulous*, die von zwei Frauen handelt, die den Rand des Luxus-Wahnsinns schon lange überschritten haben. Patsy bringt damit den Sinn von Designer-Mode auf den Punkt. Es geht bei Designer-Labels nicht nur um Status, um bloßes Darstellen sozio-ökonomischer Macht. Die Perfektion von Luxus macht uns undurchdringbar, unanfechtbar, für immer vor der Lächerlichkeit beschützt. Was wohl auch der Grund ist, warum sich immer mehr Menschen Designer-Logos als Tattoos stechen lassen. Besonders das Louis Vuitton-Label ist als großflächiges Motiv beliebt. Der eigene Körper wird gebrandmarkt, die Identifikation mit der Luxusmarke ist total. Den Körper so mit Luxus gestählt, verwandeln wir uns vom ewig suchenden, ewig begehrenden und damit immer verwundbaren Ödipus in die Sphinx des Ödipus-Mythos. In ein Wesen also, das immer nur Fragen stellt und nie eine Frage beantwortet. Die Sphinx sitzt am Wegesrand und kontrolliert die Welt, die an ihr vorbeizieht. Sie ist beschützt hinter einer ebenso unbezwingbaren wie rätselhaften Fassade. Im Mythos trifft die Sphinx auf den jungen Ödipus, nachdem dieser seine Heimat verlassen hat, weil ihm das Orakel von Delphi geweissagt hat, er werde seinen Vater ermorden und seine Mutter heiraten. Die Sphinx lauert vor dem Stadtrand von Theben und gibt allen vorbeiziehenden Reisenden Rätsel auf. Wenn diese das Rätsel nicht lösen können, ver-

schlingt sie die Reisenden. Als nun Ödipus auf die Sphinx trifft, stellt sie ihm folgendes Rätsel: »Was geht morgens auf vier Beinen, mittags auf zwei und abends auf drei?« Wenn er es nicht lösen kann, droht Ödipus der Tod. Doch Ödipus findet die richtige Antwort: Der Mensch. Als Kind krabbelt er auf allen Vieren, als Erwachsener geht er aufrecht auf zwei Beinen, und im Alter braucht er zum Gehen einen Stock. So bloßgestellt, stürzt sich die Sphinx ins Meer und lässt Ödipus nach Theben weiterziehen. Ödipus weiß nicht, dass er als Baby adoptiert wurde und eigentlich der Prinz von Theben ist. Weil er die Stadt von der Sphinx befreit hat, wird ihm die verwitwete Königin von Theben zur Frau gegeben. Er heiratet also unwissentlich seine Mutter und zeugt Kinder mit ihr. Ödipus sieht sich als strahlenden Helden, Bezwinger der Sphinx, König von Theben. Erst später, als sich ihm sein eigenes Geheimnis offenbart, merkt er, dass die Sphinx ihn ins Verderben geschickt hat, indem sie ihn ihr Rätsel lösen und nach Theben ziehen ließ. In seinem Gedicht »Die Sphinx« beschreibt Heinrich Heine, wie er einer steinernen Sphinx nicht widerstehen kann und sie küssen muss.

> »Sie trank meiner Küsse lodernde Glut,
> Mit Dürsten und mit Lechzen,
> Sie trank mir fast den Odem aus …
> Der Schmerz wie die Lust unermesslich.«

Wenn wir die Rolle der Sphinx annehmen, machen wir uns selbst zum Enigma. Unverletzbar, in Kontrolle und ultimativ begehrenswert. Und wenn jemand unser Enigma entlarvt, nehmen wir Rache. Wenn man sich schwach und verletzlich fühlt, wie wir es ja alle tun, ist die Rolle der Sphinx höchst attraktiv. Wir mauern uns eine feste Burg aus Designer-Logos, und niemand kann uns bezwingen. Was auch der Grund ist, warum Nachahmungen von Luxuswaren – *designer fakes* – nie wirklich ihren Zweck erfüllen. Schließlich kann man sich bei Kopien nie sicher sein, ob sie nicht doch als Plagiat erkannt werden. So erreichen sie das Gegenteil dessen, was ein Luxusprodukt verspricht. Anstatt die Geister des Selbstzweifels und der Unsicherheit zu vertreiben, schicken sie einen auf das Minenfeld der Lüge und potenziellen Scham. Mit dem Gucci-Fake wird man zum Ödipus, der sich aus lauter Scham die Augen aussticht, als bekannt wird, dass er seinen Vater getötet und seine Mutter geheiratet hat. Als Sphinx dagegen bleiben uns Peinlichkeiten erspart. Doch leider gibt es da ein Problem: Die Sphinx braucht den Ödipus – den Begehrenden –, um zum Leben erweckt zu werden. Ohne den Ödipus sitzt sie einfach nur versteinert da. Ja, sie mag perfekt sein, aber sie ist scheintot begraben in der Quasi-Unsterblichkeit ihrer Chanel-Jacke. Die Hölle, das sind eben nicht die anderen. Nein, die Hölle, das ist die Tatsache, dass wir ohne die anderen nicht leben können. Besonders nicht, wenn man sich hinter einer Sphinx-Fassade aus Luxuswaren verbarrikadiert hat. Auch die schönste Hermès-Tasche macht keinen Spaß, wenn sie nicht irgendwo auch von der Umwelt wahrgenommen wird. Auf Dauer ist Unsterblichkeit eben doch keine Lösung.

Karl Marx beschreibt in »Das Kapital« Konsumwaren als »sinnlich übersinnliche« Dinge. Dinge, deren Wert nichts mit ihrer physischen Natur und ihrem Gebrauchswert zu tun hat. Vielmehr ergibt sich die »phantasmagorische Form« der Werteverhältnisse der Waren aus dem gesellschaftlichen Verhältnis der Menschen untereinander. So wird der Wert einer Ware zu einer »gesellschaftlichen Hieroglyphe«, die die Menschen dann zu entziffern suchen, »um hinter das Geheimnis ihres eigenen gesellschaftlichen Produktes zu kommen«. Wichtiges Element des Werts einer Luxusware ist ihre Exklusivität. Am Ende eines Jahres verbrennen viele Luxusmarken unverkauftes Inventar, um die Exklusivität ihrer Waren beizubehalten. Uhrenhersteller kaufen Uhren für Hunderte von Millionen von Juwelieren zurück und schmelzen sie ein, damit auch ja kein Überangebot entsteht. Stark reduzierte Ware vom Vorjahr zerstört den Wert der neuen Kollektion. Nur was rar ist, kann auch wirklich teuer sein. Die künstlich hergestellte Exklusivität ist Teil dessen, was Marx als *Warenfetischismus* beschrieben hat. Eine Mystifizierung von Produkten, um deren Wert zu erzeugen beziehungsweise zu steigern.

Der Mythos, der jeden Luxusartikel umweht, ist die Unsterblichkeit. Die unendliche Leichtigkeit des Seins. Die Qualität der Verarbeitung, die hochwertigen Materialien, die Zeitlosigkeit der Designs – so wird uns suggeriert – würden auch das Ende der Welt überleben. Die Schweizer Uhr, die Chanel-Jacke oder die Kelly Bag sind bleibende Werte, die wir an unsere Kinder und Kindeskinder weitergeben können. Luxus regt uns an, dynastisch zu denken. Wir werden erhoben aus den sozialen Niederungen in die Welt der Material-Aristokratie. Da macht es auch Sinn, dass die Fluggäste in der Business

Class von Nizza nach München so stolz auf ihre Infinity Pools sind. Der Infinity Pool ist die architektonische Manifestation des phantasmagorischen Luxus-Mythos. Ein Mythos, der uns ein Leben im Endlos-Komfort verspricht, ohne Schmerz und ohne Enttäuschung. Der Pool plätschert leise vor sich hin und verschmilzt dabei mit dem Horizont. Unser Körper schwebt. Das für immer Jetzt wird niemals aufhören.

In Cannes gibt es während der Sommermonate viele Menschen, die in die Boutiquen von Louis Vuitton oder Hermès gehen und dort ihre Strandausrüstung kaufen, wie die Normalbevölkerung bei Zara oder Mango. Geld spielt für sie keine Rolle. Für sie ist unser Luxus kein Luxus, sondern nur irgendein Kram, der seinen Zweck erfüllt. Sie müssen sich ihr Gefühl von Luxus anderorts besorgen. Zum Beispiel auf dem Kunstmarkt, wo Werte ebenfalls durch Exklusivität und andere Mythen erzeugt werden. Wo sie noch die Frustration erleben, dass sie etwas nicht kaufen können. Wo ihnen Galeristen noch das Wort »Nein« an den Kopf werfen und ihnen sagen, dass ihre Kunstsammlung der letzte Dreck ist. Der Handel für Gegenwartskunst hat viel mit den Erniedrigungsritualen von Sado-Maso-Clubs gemeinsam. Trotzdem, die Idee von Luxus bleibt die gleiche. Luxus, das ist die Idee der Perfektion nach überwundener Frustration. Luxuswaren sind perfekte Objekte der Begierde. Ideale Gegenstände, die uns versprechen, dass durch sie Frustration für immer ausgemerzt, Begehren für immer gestillt wird. Das Grundproblem des Lebens *Ich bin frustriert, also bin ich* wird endlich behoben und ersetzt durch *Ich kontrolliere, also bin ich.* Perfektion, das ist die Illusion, dass

man Kontrolle über sein Leben hat. Denn Perfektion – das heißt, die Absenz von jeglichem Mangel, die totale Fehlerlosigkeit, der Moment, wenn alles Begehren ruht – lässt sich nur im Tod herstellen. Die flüchtigen Momente, in den wir Perfektion erleben – sei es nun ein Orgasmus oder der Augenblick, wenn wir zum ersten Mal eine Chanel-Handtasche in den Händen halten – sind immer ein kleiner Tod. Wenn alles Frustrierende, alles Imperfekte, alles Schmerzliche für ein paar Sekunden nicht mehr existiert. Schon im nächsten Moment beginnt die Imperfektion. Dann hat die Tasche Fingerabdrücke oder Kratzer, oder eine Frau, die einem unsympathisch ist, besitzt die gleiche. Denn das Leben ist nun mal frustrierend. Leben, das heißt ewiger Wandel und damit ewiger Verlust, das Leben per se ist ein Mängelexemplar. Leben ist das Gegenteil von Luxus.

Aber das starrköpfige Beharren auf dem Leben ist auch nur ein faules Ausweichmanöver. »Katja, der Tod ist Teil des Lebens«, sagte mein amerikanischer Anwalt und Freund Barry Hirsch zu mir, als wir kurz nach dem Tod meines Mannes im Beverly Hills Hotel zu Mittag aßen. Es war das Letzte, was ich hören wollte. Konnte Barry mir keinen besseren Rat geben? Irgendeine Marschrichtung, in die ich ziehen oder ein Ziel, für das ich kämpfen konnte? Ich saß danach noch eine Weile an der Bar am Pool (kein Infinity Pool, wohlgemerkt) und starrte in meine Limonade. Plötzlich fühlte ich, dass mich jemand ansah. Ich schaute hoch und merkte, dass mir gegenüber an der Bar ein Mann in einem schwarzen Anzug saß. Es handelte sich um den australischen Sänger Nick Cave. Ich war so erschrocken, dass ich gleich wieder nach unten blickte. Als ich wieder aufsah, war er weg. Der Prinz der Dunkelheit war verschwunden. Nick Caves Songs wie »Into My Arms« und »Mercy Seat« gingen mir durch den Kopf. Songs, die durch ihre Dunkelheit strahlen. Songs, die gar nicht erst versuchen, den Tod auszugrenzen, sondern ihn in das Leben integrieren. Nick Cave hatte extrem gut ausgesehen, so ganz in schwarz an der bonbonfarbenen Bar lehnend. Ich sah mich um. Muskulöse Pool-Boys in rosa Polohemden und kurzen Shorts trugen Cocktails zu den Hotelgästen, die mit ihren Chanel-Sonnenbrillen und Louis Vuitton-Taschen auf grün-weiß gestreiften Liegen am glitzernden Pool lagen. Die Sonne gleißte. Palmen ragten in den blassblauen Abgashimmel. Alles schien sich in Zeitlupe zu bewegen. Perfekt, hyperreal. In dem Moment habe ich mich entschieden, nicht mehr vor dem Tod davonzulaufen, sondern mir das alles ganz genau anzusehen, den Tod, die Perfektion, den Luxus. Diese ganze Krassheit. Chanel, Hermès, Louis Vuitton, Balenciaga, Celine … egal. Ich nehme alles mit. Vielleicht kaufe ich mir sogar irgendwann Hermès-Sandalen.

Ailbhe lebt heute in Dublin. Wir sind immer noch befreundet. Sie hat zwei Kinder. Ihr geht es gut. Scruff ist vor ein paar Jahren gestorben. Er hat sich umgebracht. Als ich vor Kurzem durch Camden Town in Nord-London ging, sah ich versteckt auf einem Schornstein noch eines seiner Graffitis. SCRUFF stand da groß in seiner Handschrift.

Laut Freud geht der Mensch an seinen inneren Konflikten zu Grunde. Die einzige Befriedigung, auf die wir im Leben hoffen können, ist, nach unserer eigenen Façon zu sterben. Diese Art von Tod ist der echte Luxus. Und unser einziges

Ziel kann nur darin liegen, die Unvermeidbarkeit des Todes zu ertragen, ohne den Mut zur Liebe zu verlieren. Bei welchen Clubs wir dabei im Laufe der Zeit Mitglied werden, soll jeder selbst entscheiden.

BAADER ODER PRADA MEINHOF?
ÜBER MODE UND POLITIK

Das Problem mit dem Sozialismus ist, dass er
einfach zu viele Abende in Anspruch nimmt.
OSCAR WILDE

Es handelte sich um einen Rollkragenpullover in einem
schlammigen Siebziger-Jahre-Lila. Ich muss etwa acht oder
neun Jahre alt gewesen sein, als ich dieses Ding morgens in den
Händen hielt. Meine Mutter wollte, dass ich diesen Pullover
an diesem Tag in der Schule trug. Er war mir, wie viele meiner
Kleidungsstücke damals, von meiner Schwester oder einer älte-
ren Freundin weitervererbt worden. Ich zog ihn an und merkte,
dass er fürchterlich kratzte. Es fühlte sich an wie Brennnesseln
auf meiner Haut. Für einen Moment erwog ich eine Diskussion mit meiner Mutter. Aber wie die enden würde, wusste
ich schon. Also griff ich nach der Schere auf meinem Schreib-
tisch und schnitt riesige Löcher in den Pullover. Dann ging
ich in meinem Lieblingspullover runter zum Frühstück. Mein
schlechtes Gewissen flatterte in meiner Brust. Gleich würde
ich ausgeschimpft werden. Aber ich fühlte mich herrlich.

Kleidung, Mode, das kann Selbstermächtigung sein. Ein Fall von *Ich stehe hier und kann nicht anders,* eine Gewissensfrage. Weil jedes andere Kleidungsstück ein Betrug an sich selbst wäre, eine Lüge. So ist denn auch die Geschichte des Feminismus eine Geschichte davon, wie Frauen sich kleiden. Die Suffragetten des frühen 20. Jahrhunderts in Großbritannien trugen Schmuck in den Farben Grün, Lila und Weiß – meistens aus Peridot und Amethyst sowie im Falle der teureren Versionen, Perlen oder Diamanten – um ihre Unterstützung für das Frauenwahlrecht kundzutun. Die Frauen konnten sich gegenseitig am Schmuck erkennen und wussten, dass sie sich unter Gleichgesinnten befanden. Als weibliche Mitglieder des US-Kongresses zu Donald Trumps Rede zur Lage der Union in Weiß erschienen, bezogen sie sich dabei auf die weißen Kleider, die die Suffragetten auf ihren Demonstrationen für das Wahlrecht für Frauen getragen hatten. Mit ihrer Kleiderwahl demonstrierten die Kongressmitglieder ihre Ablehnung von Trumps Frauenbild sowie ihre Solidarität mit Frauen im ganzen Land. Suffragetten-Weiß war ein klares, politisches Statement jenseits der Ambivalenz, die Mode und menschliches Miteinander sonst ausmacht.

Der Moment, als 1968 eine Gruppe von Frauen gegen den *Miss America*-Wettbewerb in New Jersey demonstrierten, dabei ihre BHs auszogen und in eine symbolische Mülltonne warfen, wird oft als Geburtsstunde des modernen Feminismus gesehen. Zumindest war das Klischee der BH-losen Feministin geboren. Es war ein symbolischer Akt der Befreiung, wobei der BH die Objektifizierung der Frau für den männlichen

Blick symbolisierte. »Der männliche Blick« ist ein Ausdruck, der von meiner ehemaligen Professorin Laura Mulvey stammt. Die Frau, durch die ich verstanden habe, dass es sich bei Feminismus nicht nur um eine Haltung, sondern um einen überlebenswichtigen Wachzustand handelt. Laura Mulvey, die 1970 gemeinsam mit anderen Feministinnen versuchte, den Miss World Contest in London zu boykottieren, definierte den männlichen Blick in ihrem Aufsatz »Visual Pleasure and Narrative Cinema« (1975). Darin beschreibt sie, wie die Kamera des populären Hollywood-Kinos den heterosexuellen, männlichen Blick von Filmregisseuren reflektiert. Man könnte meinen, dass dieser Aufsatz mittlerweile veraltet ist. Aber noch 2018 waren nur 4 Prozent der Regisseure der hundert erfolgreichsten Hollywood-Filme weiblich. Bisher hat nur eine Frau, Katherine Bigelow, einen Oscar für Beste Regie gewonnen. Hollywood ist die Industrie des Begehrens, der große Generator von Ikonen und Halbgöttern, über den globale Schönheitsideale definiert werden. Und so sehr diese Industrie auch von weiblichen Stars geprägt ist, so viele Frauen mittlerweile auch in gehobenen Positionen in dieser Industrie arbeiten, der Blick der Hollywood-Kamera ist immer noch ein männlicher. Der männliche Blick dominiert nicht nur das Kino, sondern er zieht sich durch unsere gesamte Gesellschaft. Eine Studie von Chad Topaz aus dem Jahr 2019 zeigt, dass nur 12 Prozent aller Künstler in US-amerikanischen Museen Frauen sind. 88 Prozent sind Männer, 75 Prozent davon weiße Männer. Nur 1 Prozent aller Künstler in US-Museen sind nicht-weiße Frauen. Egal wie *en vogue* Gleichberechtigung und Frauenrechte derzeit scheinen, egal wie prominent Themen wie Gender und nicht-binäre Gender-Identität gehandelt werden, der männliche Blick dominiert. Der männliche Blick strukturiert, er definiert Normalität. Und was ihm nicht entspricht beziehungsweise gefällt, wird als anders, befremdlich, billig, unnormal, wird zum *Freak* erklärt.

Unsere Kleidung, Mode, hat immer auch mit den Blicken anderer zu tun. Damit, wie wir uns zeigen und wie wir von den anderen gesehen werden. Damit, worauf wir die Blicke der anderen lenken wollen. Mit unseren Blicken lesen und missverstehen, hassen und begehren wir. Blicke werden dominiert und manipuliert, dominieren und manipulieren. Unsere Kleidung ist dabei eins unserer wichtigsten Instrumente. Unsere Kultur, also die Prozesse, mit denen wir Bedeutung und Werte schaffen, ist zunehmend visuell geprägt. Die digitale Welt beruht weitgehend auf Bildern. Unsere Blicke einzufangen, uns ins Auge zu fallen, ins Auge zu stechen, ist das Ziel jeder Werbung, jeder Geschichte, jedes Fotos, das in den sozialen Medien geteilt wird. Mehr denn je sind Blicke die Steine, aus denen wir unser soziales Labyrinth des Verstehens und Missverstehens pflastern. Wie soll man als Frau und Feministin mit ihm umgehen, dem männlichen Blick? Wie sieht sie aus, die feministische Mode? Suffragetten-Weiß mag im US-Kongress eine starke Aussage sein, aber im Büroalltag ist das meistens nur ein Magnet für Flecken.

2019 bot Earnest & Young, mit circa 270 000 Angestellten eines der größten Wirtschaftsprüfungsunternehmen der Welt, ein Seminar zum Thema »Power-Presence-Purpose« an. Da-

rin sollte weiblichen Angestellten geholfen werden, in einem männlich geprägten Arbeitsumfeld Erfolg zu haben. Laut eines Berichts in der *Huffington Post* wurden Frauen darin folgende Richtlinien zu ihrem Erscheinungsbild nahegelegt: Manikürte Nägel und ein akkurater Haarschnitt sind essenziell, platinblonde Haare, tiefe Dekolletés und auffallender Schmuck dagegen Tabu. Die Kleidung soll die Figur der Frau vorteilhaft zur Geltung bringen, aber eine demonstrative Zurschaustellung des Körpers ist auf jeden Fall zu meiden. Sex verwirre den Verstand. Laut *Huffington Post* wurden die Seminarteilnehmerinnen auch daran erinnert, dass weibliche Gehirne durchschnittlich kleiner seien als männliche. Im Gespräch mit einem Mann solle die Frau am besten die Beine überschlagen und sich ihm seitlich gegenübersetzen, um nicht aggressiv zu wirken. Herausforderungen männlicher Kollegen sollte man vermeiden, besonders in einer Gruppensituation am Konferenztisch. Nach Erscheinen des Artikels war die Empörung groß. Wie kann eine moderne Firma heute noch derart sexistische Stereotypen verbreiten? Die Earnest & Young US-Vorsitzende Kelly Grier erschien daraufhin in einer engen schwarzen Lederjacke (diese schien direkt einem Ratgeber für Alltagsmode für Dominas zu entstammen) in einem Video und räumte ein, dass »Fehler gemacht wurden«. Trotzdem. Es war sicherlich nicht das einzige »Power-Presence-Purpose«-Seminar seiner Art, das heute noch veranstaltet wird. Seminare, bei denen Frauen geraten wird, sich ein- und unterzuordnen. Dem männlichen Blick zu gefallen. Bloß nicht stören, bloß nicht auffallen. Und immer den Fehler bei sich selbst anstatt beim Status quo suchen. Der lange Marsch durch die Institutionen im schwarzen kleinen Kostüm, er ist offensichtlich noch lange nicht vorbei.

In Alfred Hitchcocks Thriller »Vertigo« (1958) wird der Terror dieses langen Marsches perfekt beschrieben. Der Film handelt von dem pensionierten Detektiv Scottie (James Stewart), der nach einem traumatischen Erlebnis an Vertigo leidet. Er verliebt sich in die selbstmordgefährdete Blondine Madeleine (Kim Novak). Als diese sich in den Tod stürzen will, kann er das aufgrund seiner Höhenangst nicht verhindern. Zutiefst verstört begegnet er zufällig der brünetten Judy, die abgesehen von den Haaren wie eine Doppelgängerin der Toten aussieht. Scottie versucht Judy zum Ebenbild der verstorbenen Madeleine zu formen. Gegen Judys Willen kauft er ihr das exakt gleiche Kostüm und lässt ihr die Haare genauso färben, wie Madeleine sie trug. Hitchcock zeigt die Brutalität, mit der die Frau zum Objekt männlicher Projektionen und Begierde gemacht wird. Und wie sowohl die Kim Novak-Figur als auch die anderen weiblichen Figuren sich ihm ergeben. »Ja, Sir, wir wissen, was Sie wollen«, versichert ihm die Verkäuferin und richtet Judy genauso her, wie Scottie es verlangt. Der Ursprung von Scotties Obsession ist sein Gefühl von Ohnmacht. Er will Judy kontrollieren, weil er die Kontrolle über sich selbst verloren hat. Er ist psychisch blockiert von seinem Trauma. Durch seine Höhenangst hat er seine Fähigkeit zur Selbstbestimmung verloren. Indem er über Judy bestimmt, versucht er, wieder Herr der Lage zu werden. Am Ende findet er heraus, dass er Opfer eines Komplotts geworden ist. Madeleine und Judy sind ein und dieselbe Person. Er ist benutzt worden, um einen Mord zu verdecken. Nachdem Scottie ihr Geheimnis entlarvt hat, stürzt Judy, ähnlich der Sphinx im Ödipus-Mythos, in die Tiefe und stirbt. Scottie hat das Rätsel der Sphinx gelöst, aber genau wie bei Ödipus wissen wir, dass sein Sieg nur der Anfang seiner Hölle ist. Denn durch seine Kontrollmanie hat er seine Chance auf Liebe für immer vertan. Im Ödipus-Mythos sticht sich Ödipus die Augen aus, als er erkennt, dass er seinen Vater getötet und seine Mutter geheiratet hat. Im Film wird abgeblendet, bevor dies geschieht. Aber wir wissen, dass auch Scottie die Selbstkasteiung nicht erspart bleiben wird. »Vertigo«, das ist ein Film über männliche Ohnmacht. Über den Horror des Missverständnisses und missverstandener Identität. Mode wird hier zum Schlachtfeld der Identitäten. Hitchcock zeigt uns, dass der Versuch, diese zu kontrollieren, zum Scheitern verurteilt ist. »Vertigo« ist die Geschichte von Pygmalion als Tragödie erzählt.

Hitchcock wird oft dafür kritisiert, dass in seinen Filmen immer die Mutter Ursprung allen Übels ist. Aber »Vertigo« ist das Gegenteil eines frauenverachtenden Films, vielmehr handelt es sich bei »Vertigo« um einen Film, der den kontrollierenden männlichen Blick hinterfragt, ja sogar als nichtig und brutal erklärt. Was vielleicht ein Grund ist, warum der Film anfangs auf gemischte Kritiken stieß und wesentlich weniger einspielte als andere Hitchcock-Filme. Erst mit der Zeit wurde der Film als Meisterwerk gewürdigt und 2012 vom britischen Filmmagazin *Sight & Sound* zum besten Film aller Zeiten gekürt. Es ist auch der Grund, warum ich mir Madeleines graues Kostüm nachschneidern ließ. Mein Mann und ich fanden das witzig. Eine Beziehung funktioniert eben immer dann gut, wenn die Neurosen zueinander passen.

Das Thema Kontrolle, um das es in »Vertigo« geht, basiert auf der Idee des Verbots. Verbotene Begierden, verbotene Lust, verbotener Genuss. Kleiderordnungen, Kleiderverbote, Modediktate, die Kritik, mit der wir das Erscheinungsbild anderer Menschen tadeln – all das sind Versuche, das Körpergefühl und damit auch die Lust zu kontrollieren, die Menschen durch und mit ihrem Körper empfinden. Unsere Kleidung berührt direkt unsere Haut. Unsere erogenen Zonen. Seit dem Feigenblatt im Alten Testament sind Kleidung und Scham untrennbar. Nachdem Adam und Eva im Paradies entgegen des göttlichen Verbots eine Frucht vom Baum der Erkenntnis gegessen haben, merken sie, dass sie nackt sind, schämen sich und bedecken ihre Scham mit einem Feigenblatt. Sie werden sich ihrer selbst bewusst und beginnen, zwischen Gut und Böse zu unterscheiden. Kleidung hat demnach immer mit Wertung zu tun. Und Wertung, in anderen Worten Regeln, Vorschriften, guter Geschmack, das sind alles nur andere Worte für Kontrolle.

Sagen wir nun, wir wollen uns befreien. Wollen unseren inneren Scottie loswerden, der uns Vorschriften macht, wie wir auszusehen und was wir zu tragen haben. Wollen also etwas tragen, das Ausdruck unserer eigenen Begierden ist, nicht der Begierden einer anderen Person oder des »männlichen Blicks«. Dazu müssen wir uns erst einmal darüber im Klaren sein, wie diese Begierden, unser persönlicher Genuss und unsere Lust, überhaupt aussehen. Vielleicht ist das, was wir als lustvoll empfinden nur der verinnerlichte »männliche Blick«?

Oder einfach nur eine Verweigerung des männlichen Blicks? Denn wenn ich mich gegen etwas verweigere, bin ich ja immer noch von ihm dominiert. Wer im antiken Griechenland das Orakel von Delphi um Rat fragte, musste am Eingang des Apollotempels die Inschrift *gnothi seauton* passieren. Erkenne dich selbst. Die Tragödie des Ödipus ergab sich daraus, dass er sich seiner Identität nicht bewusst war und deswegen die Weissagung des Orakels fehlinterpretierte. Wie auch Hitchcocks »Vertigo« handelt der Mythos von Ödipus vom Horror des Missverstehens und des Missverstandenwerdens. Einen Horror, mit dem wir potenziell jeden Morgen konfrontiert werden, wenn wir vor dem Kleiderschrank stehen. Der Horror, vor dem uns unsere Kleidung beschützen soll. Feministische Mode soll uns vor dem Horror bewahren, als Opfer missverstanden zu werden. Als schwach und unterdrückbar.

Das heißt nicht, dass feministische Mode Sexualität ausklammern muss. Eine der ersten Kollektionen des britischen Modedesigners Alexander McQueen für Herbst/Winter 1995 trug den Titel »Highland Rape« und bezog sich auf die Brutalität, mit der die englische Armee gegen die Bevölkerung Schottlands im 18. und 19. Jahrhunderts vorging. McQueen löste einen Skandal aus, als er Models mit zerrissenen Kleidern auf den Catwalk schickte und sie aussehen ließ wie Opfer von sexuellen Übergriffen. Die Modenschau war verstörend und gewaltig zugleich. Sie etablierte McQueen als Künstler und einflussreichen Namen in der Modewelt. Kritiker unterstellten ihm Frauenfeindlichkeit. Sie verstanden nicht, dass Vergewaltigung für ihn eine Metapher für das politische Verhältnis zwischen England und Schottland darstellte. Vor allem aber sahen sie nicht die kriegerische Stärke und Würde, die McQueens Mode Frauen verlieh – aller Brutalität und Unterdrückung zum Trotz. Egal, was passiert war, sie waren immer noch im Besitz ihrer eigenen Sexualität und Erotik. McQueens Mode war nie folgsam, untertänig oder sanft. War »Highland Rape« eine feministische Kollektion? Sie hat auf jeden Fall nichts schöngeredet, hat offengelegt, was sonst gerne verborgen wird. Und genau darin lag ihr feministisches Moment.

Für manche Frauen oder Transgender-Personen kann feministische Mode, die sich nach dem eigenen Begehren richtet und sich nicht mehr männlichen Blicken unterordnet, offensiv sexuell sein. Eben weil sie damit ihre Lust, ihr Begehren, ihre Ablehnung patriarchischer Moral leben. Und manchmal wissen wir ja auch erst, was wir begehren, wenn wir unser Begehren betrügen. Letzteres kann auf Dauer gefährlich sein.

> *»Wer begehrt, aber nicht danach handelt,*
> *brütet die Pest«,*

schrieb der englische Dichter William Blake in »Die Hochzeit von Himmel und Hölle« (1790). Das ist eine Warnung, auch an den Feminismus selbst. Feminismus, das heißt auch, Lust nicht über Verbote zu definieren. Dafür müssen wir in Betracht ziehen, dass wir stark sind und das Leben genussvoll ist. Susan Sontag beschrieb in ihrem Essay »Notes on Camp« (1964) ein ästhetisches Phänomen, das sich als Gegenentwurf zur heteronormativen Gesellschaft versteht:

»*Camper Geschmack, das ist vor allem eine Form von Genuss, Vergnügen und Würdigung – nicht Verurteilung.*«

Punk, die Subkultur, die sich Mitte der Siebziger vor allem in Großbritannien und den USA entwickelte, war ein Gegenentwurf zur hetero-normativen Ästhetik. Die Punk-Ästhetik, wie sie die britische Modedesignerin Vivienne Westwood, aber auch New Yorker Bands wie *The New York Dolls* kreierten, schockiert, ist roh und selbstgemacht. Das Gegenteil von gefällig. Eine androgyne Bricolage, die Aggression mit Camp und Stilelementen aus der Sado-Maso-Szene verbindet. Punk beruht auf der Tatsache, dass unsere einzige und tatsächliche Freiheit darin besteht, »Nein« zu sagen. Die britische Sängerin Poly Styrene der Band X-RAY SPEX bringt Punk-Feminismus auf den Punkt, wenn sie singt: »*Some people say little girls should be seen and not heard. But I think* … (schreit plötzlich sehr laut) *OH BONDAGE UP YOURS!*« Dann zählt Poly Styrene bis vier, und ein Song wie ein Sandstrahlgebläse dröhnt los.

Statt in Punk explodierte im Nachkriegsdeutschland der Generationskonflikt zwischen Kindern und deren Eltern, die das Nazi-Regime und den Zweiten Weltkrieg miterlebt beziehungsweise dabei mitgewirkt hatten, in der radikalisierten Studentenbewegung und dem bewaffneten Kampf der Roten Armee Fraktion um Ulrike Meinhof, Andreas Baader und Gudrun Ensslin. In den angelsächsischen Ländern, die nicht vom Trauma einer faschistischen Vergangenheit geprägt waren, fand dieser Generationskonflikt sein Ventil in Punk. Der

Deutsche Herbst, also eine der gravierendsten Krisen der Bundesrepublik Deutschland, die mit der Ermordung des von der RAF entführten Arbeitgeberpräsidenten Hans Martin Schleyer sowie dem Tod von Andreas Baader, Gudrun Ensslin und Jan-Carl Raspe endete, fällt denn auch nur zehn Tage vor die Veröffentlichung von »Never Mind the Bollocks – Here's the Sex Pistols« am 28. Oktober 1977. »Never Mind the Bollocks« machte Punk zum massenmedialen Phänomen. Und genau das war sein Untergang. Punk wurde Opfer seines eigenen Erfolgs. Die Punk-Ästhetik wurde der Industrie der Popkultur einverleibt. Ohne Frage ist »Never Mind the Bollocks« eins der einflussreichsten Alben aller Zeiten, und die Punk-Ästhetik zentraler Bestandteil des Modevokabulars. Die schwarze Lederjacke, die die Earnest & Young US-Vorsitzende Kelly Grier in ihrem Entschuldigungsvideo trägt, ist ein Echo der Mode, die Vivienne Westwood in den Siebzigern kreierte. Aber diese Popularität hatte ihren Preis. Das, was als Haltung begann, degenerierte zur Pose. Damit erlebte Punk das gleiche Schicksal wie andere popkulturelle Rituale der Rebellion. Die Emotion, die in der Kleidung ihren Ausdruck findet, wird zur Vermarktung instrumentalisiert und domestiziert. Ich kann mich noch an den Schock erinnern, als ich Anfang der Neunziger in London eine Zeitung aufschlug, ich arbeitete damals gerade im Pressebüro von Vivienne Westwood, und Fotos von den Pariser Modeschauen sah. Die Models waren als Pseudo-Kurt Cobains gestylt. Grunge war all seiner Melancholie, seines Gefühls von Entfremdung und seiner Rage beraubt worden. Es war mir, als hätten die Designer all das entwürdigt, was meine Freunde und ich damals fühlten. Mittlerweile ist Rebellion durch Ästhetik kaum noch möglich. Sobald ein neuer Look als Ausdruck einer Jugendbewegung entsteht, wird er sofort über die sozialen Netzwerke käuflich gemacht.

Mode und Haltung ist eine unbequeme Kombination. Nicht nur im Fall von Subkulturen, in deren Zentrum eine Musikbewegung steht. Der amerikanische Autor Tom Wolfe prägte 1970 den Begriff »radical chic«, der ähnlich wie »caviar gauche« oder »champagne socialist« funktioniert. Bezeichnet wird damit eine linke Pose, die keinerlei Relation zu den eigentlichen politischen Ansichten oder Lebensweisen einer Person hat. Mit der Konsequenz, dass die Haltung, die der Kleidungsstil anfangs verkörperte, unterhöhlt wird. Und doch ist die Selbststilisierung politischer Anführer Teil ihres Magnetismus.

Während der Produktion des Films »Der Baader Meinhof Komplex« über die Entstehungsgeschichte der Roten Armee Fraktion diskutierten Regisseur Uli Edel und mein verstorbener Mann Bernd, Drehbuchautor und Produzent des Films, ausgiebig über die Gestaltung der Kostüme. Das Problem bestand darin, dass vor allem Andreas Baader und Gudrun Ensslin ein ausgeprägtes Stilbewusstsein besessen hatten. Wäre Baader nicht tatsächlich radikal gewesen, hätte er mit seinen Samtschlaghosen den Inbegriff von »radical chic« verkörpert. Und bezeichnenderweise war Gudrun Ensslin in einer exklusiven Hamburger Modeboutique von der Polizei gefasst worden. Wie sollte der Film damit umgehen? Uli und Bernd entschieden, dass sie das Stilbewusstsein der ersten RAF-Generation etwas abmildern mussten. Nur so konnten

sie sicherstellen, dass die Kostüme nicht von Handlung und Inhalt des Films ablenkten, schließlich sollte aus dem Film nicht der »Prada Meinhof Komplex« werden.

Trotz des schwierigen Verhältnisses zwischen Mode und Politik gibt es immer wieder Versuche von Modedesignern, politische Bewegungen beziehungsweise ihre eigenen politischen Ansichten in Kollektionen zu verarbeiten. Als Vivienne Westwood die Models ihrer Herbst/Winter-2019-Modeschau in T-Shirts auf den Catwalk schickte, auf denen Slogans wie Save *the Arctic from Shell and Putin* oder *We sold our soul for CONSUMPTION / PRESS* standen, war das ungefähr so gehaltvoll, als ob jemand auf Facebook eine politische Schimpftirade loslässt. Und wenn Dior T-Shirts für 620 Euro verkauft, auf denen Slogans wie *We should all be feminists* (ursprünglich der Titel eines Ted Talks und Essays der nigerianischen Autorin Chimamanda Ngozi Adichie) oder *Sisterhood is powerful* stehen, fragt man sich schon, ob das Geld nicht besser als Spende für die Organisation *Planned Parenthood* ausgegeben wäre. Politische Parolen auf Modeartikeln wirken schnell schal und sinnentleert, weil die Tatsache, dass es sich um Mode handelt, die Pose impliziert. Im Falle der *World Food Programme*-T-Shirts mit Balenciaga-Logo für 295 Euro ist das Ergebnis schlichtweg makaber (10 Prozent des Einzelhandelspreises gehen an das *World Food Programme*).

Und doch gibt es Beispiele, bei denen sich Politik und Mode sehr effektiv verbinden. Die britische Modedesignerin Katherine Hamnett schrieb Geschichte, als sie im März 1984 in einem T-Shirt mit dem Aufdruck *58 % Don't Want Pershing*

bei einem Empfang im Amtssitz der britischen Premierminis-
terin Margaret Thatcher auftauchte, um damit gegen That-
chers atomare Rüstungspolitik zu protestieren. Sie verdeckte
das T-Shirt mit einer Jacke, die sie erst öffnete, als Thatcher vor
ihr stand und ihr vor den versammelten Fotografen die Hand
schüttelte. Thatcher bemerkte die Aufschrift zunächst nicht
und lächelte freundlich, während sie Hamnett die Hand schüttelte. Das Foto ging um die Welt. Es stellte Thatcher bloß und
machte klar, wie angreifbar ihre Position war.

Auch kann man argumentieren, dass das *We should all be
feminists*-T-Shirt von Dior den Feminismus als Bewegung glamouröser und für junge Frauen attraktiver gemacht hat. Mit
dem Dior-Siegel wurde Feminismus begehrenswert, das Klischee der BH-losen Feministin endgültig ausgelöscht. Wie
alles, was mit Mode zu tun hat, ist auch die Antwort auf die
Frage, inwiefern ein Kleidungsstück feministisch ist oder einen
politischen Akt der Rebellion darstellt, vom Kontext abhängig – und nicht selten ambivalent.

Für meine Master-Abschlussarbeit bei Laura Mulvey
schrieb ich über Filmkostüme aus den Fünfzigern. Die typische feministische Lesart von Fünfziger-Jahre-Mode ist, sie als
patriarchale Unterdrückungsmode zu interpretieren. Nach der
relativen Freiheit der vierziger Jahre, in denen Frauen Schul-
terpolster und Schuhe trugen, in denen sie ohne Schmerzen
gehen und arbeiten konnten, sahen die Fünfziger die Rück-
kehr des Korsetts vor, Pfennigabsätze, enge Bleistiftröcke und
ausschweifende Petticoats direkt aus dem Märchenbuch für
Prinzessinnenträume. Hatten die Frauen während des Zweiten

Weltkriegs oft die Arbeit der Männer übernommen, musste nach dem Krieg in der Arbeitswelt wieder Platz gemacht werden für die heimkehrenden Soldaten. Frauen wurden zurück an den Herd gedrängt, wo sie mit neuen Haushaltstechnologien und der neu ersonnenen Bedrohung durch allgegenwärtige Bakterien beschäftigt gehalten wurden. Die Fünfziger-Jahre-Mode manifestierte diese Rückentwicklung, indem sie die Bewegungsfreiheit von Frauen enorm einschränkte. Via Hollywood wurde Frauen eine limitierte Palette an weiblichen Idealbildern präsentiert, so zum Beispiel die Sexbombe (Marilyn Monroe), die Prinzessin (Grace Kelly) oder die Tugendhafte (Doris Day). Doch was bei dieser offensichtlichen Lesart übersehen wird, ist, wie die Frauen tatsächlich mit dieser Mode umgingen. Im Zuge der Recherche für meine Abschlussarbeit sprach ich mit Frauen, die in den fünfziger Jahren Teenager oder Anfang zwanzig gewesen waren. Für sie stellte die Hypersexualität und der Glamour der Fünfziger-Jahre-Mode, wie sie sie vor allem in Hollywood-Filmen sahen, keine Unterdrückungsmode, sondern eine Rebellion gegen die Prüderie, Sparsamkeit und Strenge ihrer Eltern dar. Diese Mode war ihr Weg, sich von den Eltern abzugrenzen und dabei oft auch Ansporn, gegen den Willen der Eltern auf einer Ausbildung und einem Beruf zu bestehen. Was sexistisch wirkte, war tatsächlich feministisch.

Die Antwort auf die Frage, ob Mode inspiriert und stärkt oder aber ausbeutet und verunsichert, ist nie offensichtlich. Ja, es hat mich Anfang der Neunziger angewidert, wie die Modeindustrie versuchte, Grunge zu vereinnahmen. Aber als ich im

Januar 1993 in einem Zeitungsladen die *Vogue* aufschlug (ich konnte mir damals nicht leisten, sie zu kaufen) und darin eine Fotostrecke für Unterwäsche der britischen Fotografin Corinne Day sah, in der sie eine sehr junge Kate Moss in deren Wohnung fotografiert hatte, verschlug es mir den Atem. Großbritannien befand sich damals in einer Rezession. Eine nihilistische Melancholie durchzog das Land. Doch das Lebensgefühl unserer Generation, das Jahre später im *Choose Life*-Anfangsmonolog von Danny Boyles Film »Trainspotting« verewigt wurde, war noch nicht im Mainstream angekommen. Es war, als würden wir in einer Schattenwelt leben. Meine Freundinnen und ich schienen nicht wirklich zu existieren, kaum einer nahm uns wahr. Und dann kam da diese Modestrecke in der *Vogue*. In Kate Moss' Wohnung sah es nicht viel besser aus als in meiner kalten, verschimmelten Bruchbude in Kilburn, Londons irischem Viertel, wo abends in den Pubs für die IRA und deren bewaffneten Kampf für die nordirische Unabhängigkeit gesammelt wurde. Die Mode, die Moss in der Fotostrecke trug, war zwar sehr viel schöner und teurer als alles, was ich besaß, aber der Stil war der gleiche wie der, in dem meine Freundinnen und ich uns kleideten. Moss wirkt auf den Fotos verletzlich und imperfekt. Das genaue Gegenteil der unerreichbaren Astralwesen, die sonst in der *Vogue* gezeigt wurden. Corinne Day schaffte es, dass wir uns gesehen fühlten. Da gab es plötzlich jemanden, für den Frauen wie wir existierten. Jemanden, der unsere Schattenwelt sah und in die *Vogue* brachte. Wir waren nicht länger unsichtbar. Corinne Days Fotostrecke löste einen Skandal aus. Die Presse kritisierte ihre Fotos als »heroin chic« – ein ungesundes Schönheitsideal würde durch sie propagiert. Und ja, höchstwahrscheinlich gab es auch viele Frauen, auf die diese Fotostrecke deprimierend wirkte. Weil sie ihre Körper mit dem von Kate Moss verglichen und sich verunsichert fühlten. Das kann ich alles nachvollziehen. Aber für mich bleibt dieser Moment, damals im Zeitschriftenladen in London, ein Moment der Ermächtigung. Fast so gut, wie damals den lila Pullover zu zerschneiden.

Mode und die Medien der Modeindustrie haben die Macht, Unsichtbares sichtbar zu machen. Der in Ghana gebürtige Edward Enninful wurde 2017 Chefredakteur der britischen *Vogue* und achtet bewusst darauf, dass die Zeitschrift die ethnische Vielfalt Großbritanniens reflektiert. Das Klischee der weißen, wohlhabenden *Vogue*-Frau mit teurer Internatsausbildung ist endgültig vorbei. Ich hoffe, dass es nun viele junge Frauen gibt, die aus anderen Gründen als ich damals, im Zeitschriftenladen stehen und sich bestärkt fühlen. Wenn Mode nicht länger weißes Privileg begünstigt, ist das politisch. Die Repräsentation von Frauen nicht nur aller Ethnizitäten, sondern auch unterschiedlicher Körperformen und sozioökonomischer Schichten in der Mode, muss als Teil des feministischen Projekts verstanden werden. Mode und die Modeindustrie werden selten ernst genommen und wenn, dann nur als Problem. Sei es nun als Umweltproblem, oder weil sie jungen Frauen ungesunde Schönheitsideale vermitteln, sie verunsichern oder sie zum sinnentleerten Konsum anregen. Im besten Fall wird Mode als frivol oder oberflächlich betrachtet. »Dabei ist Mode, genau wie Design, fast immer politisch.

Denn Mode betrifft unser Zusammenleben als Gemeinschaft. Das kann sehr subtil sein, und bei der politischen Bedeutung eines Kleidungsstücks kommt es immer auf den Kontext an«, so Paola Antonelli, Kuratorin für Design und Architektur am MoMA in New York. Antonelli zitiert das Beispiel des Hoodies. Dieser wurde nach der Ermordung des unbewaffneten 17-jährigen Trayvon Martin 2012 in Florida und der darauffolgenden Freisprechung des Angeklagten zu einem Protestsymbol. Der Fall löste die *Black Lives Matter*-Bewegung aus. Der Hoodie, wie ihn Trayvon Martin in seiner Todesnacht getragen hatte, wurde zum Zeichen der Solidarität mit der Bewegung.

Aber es gibt auch Kleidungsstücke, denen politische Konnotationen innewohnen, auch wenn von der Modeindustrie immer wieder versucht wird, sie zu depolitisieren. In Europa oder Nordamerika beispielsweise ist die Kufiya beziehungsweise das Palästinensertuch politisch aufgeladen. Gelegentlich wird es von Modedesignern als orientalistische Referenz benutzt, wirkt in dieser Entleerung jedoch oft unangemessen. Zu komplex und schmerzhaft wabert der Nahost-Konflikt im Bewusstsein der Weltpolitik, als dass das mit ihm verbundene Kleidungsstück völlig entspannt in einen Modeladen passen würde. Vor der Kufiya macht sogar die Postmoderne halt. Ähnlich verhält es sich mit dem Hijab. Da die Kundinnen der *Haute Couture*-Kollektionen heute oft aus arabischen Ländern stammen, taucht der Hijab mittlerweile immer wieder auf den Laufstegen Pariser Designer auf. Normalisiert hat das den Hijab im Westen trotzdem noch nicht. Wenn eine Frau in Europa oder Nordamerika einen Hijab trägt, hat das immer auch eine politische Dimension.

Der Hijab zeigt, wie der weibliche Körper immer noch Schlachtfeld von Machtpolitik ist. Für die einen ist er Ausdruck ihres Rechts auf Religionsfreiheit. Mit dem Hijab bekunden sie, dass sie sich weigern, sich von Rassismus und Islamophobie einschüchtern zu lassen. Für manche Feministinnen birgt der Hibjab auch eine Möglichkeit, den alles durchdringenden *männlichen Blick* auszublenden. Für die Gegner ist das rituelle Kopftuch ein tragbares Gefängnis, das Frauen aufgezwängt wird und sie davon abhält, eine aktive, gleichberechtigte Existenz in der Gesellschaft zu führen.

Eine muslimische Freundin schrieb zornige Protestbriefe, als sie im Berliner Bahnhof ein riesiges Werbeplakat für Süßigkeiten der Marke Katjes sah, auf dem das Model einen Hijab trug. Was von Katjes sicherlich als inklusive, liberale Repräsentation verstanden wurde, war für meine Freundin ein Angriff auf die feministische Bewegung im Heimatland ihrer Eltern. Die Normalisierung einer patriarchalischen Tradition, die es schwieriger macht, für Mädchen mit Migrationshintergrund in der deutschen Gesellschaft Unabhängigkeit zu erlangen und sie in familiäre Abhängigkeitsverhältnisse zwingt.

Mehr denn je ist Unsichtbarkeit im Zeitalter globaler Überwachung durch allgegenwärtige Kameras und Gesichtserkennungsalgorithmen ein politisches Thema. Schon in den Neunzigern gründeten die Briten Joe Hunger und Adam Thorpe das Londoner Männer-Modelabel *Vexed Generation*, das politische Mode produzierte, die sich mit urbaner Über-

wachung, bürgerlicher Freiheit und Luftverschmutzung aus-
einandersetzte. Dabei entstanden Parkas, die das Gesicht
verdecken und Anonymität schaffen sowie Messer- und ku-
gelsichere Kleidung. Joe und Adam waren Teil der Londoner
Szene, in der ich Anfang der nuller Jahre lebte. Viele meiner
männlichen Freunde trugen *Vexed Generation*. Sie sahen aus
wie Stadtguerilleros. Und das war auch die Stimmung. Nicht
nur wegen der Terroranschläge vom 11. September 2001, sondern wegen eines wachsenden Bewusstseins, dass bürgerliche
Freiheiten eingeschränkt wurden. Die Katastrophe war für
uns »nicht, was kommt, sondern was ist«, wie es in dem ano-
nymen Anarchismus-Manifest »Der kommende Aufstand«
von 2006 hieß. Nichts an *Vexed Generation* war gefällig. Ihre
Mode war cool, nutzungsorientiert, aggressiv. Ziel war dabei nicht so sehr tatsächliche Vermummung oder Schutz, als
vielmehr eine Diskussion zu provozieren. Auch Make-up, das
Überwachungskameras verwirrt, ist seit einigen Jahren ein
Thema. Im März 2018 stellte das MoMA PS1 das Projekt *Vi-
sion Dazzle* des Künstlers Adam Harvey vor, bei dem den Models mit hochpigmentierter Farbe kubistische Formen auf das
Gesicht gemalt wurden. Die *Vogue* berichtete darüber und erklärte Anti-Überwachungs-Make-up zum »beauty Zeitgeist«.
Zeitgeist klingt in diesem Zusammenhang arg nach Pose, und
es stellt sich die Frage: Kann man damit wirklich etwas verändern? Katherine Hamnett, die über Jahrzehnte hinweg politische T-Shirts produziert hat und als erste Designerin gilt,
die die Umweltverschmutzung durch die Modeindustrie pu-
blik gemacht hat, schrieb im *Guardian*:

»Nach einer Million T-Shirts bin ich zu dem Schluss gekommen, dass wir, um wirklich Dinge zu verändern – vom Klimawandel bis hin zu Frauenrechten – Gesetze brauchen. Demonstrationen, Petitionen und Mode-Statements sind schön und gut, aber sie funktionieren nicht. Sie sind zahnlos. Klar, es ist toll, wenn die Leute demonstrieren und sich engagieren. Aber das Problem ist, du bist dabei von Menschen umgeben, die genauso denken wie du – das ist nett, aber du bekommst dabei den Eindruck, dass der Rest der Welt so denkt wie du. Was nicht der Fall ist. Du fühlst dich nur besser dabei und verpulverst die Energie, die du dafür einsetzen könntest, echte Veränderungen zu bewirken.«

Doch wie die Trotzkisten, eine dem »radical chic« und Champagner-Sozialismus durchaus nicht abgeneigte marxistische Bewegung, auf die *Permanente Revolution* zu warten und bis dahin alles beim Alten zu belassen, ist auch keine Lösung. Das weiß auch Katherine Hamnett. Sie ist die Pionierin in der Herstellung nachhaltiger Mode. Lange bevor andere auf die Idee kamen, arbeitete sie mit recycelter Wolle, Polyester und Daunen. Mittlerweile steht sie damit nicht mehr allein da. »Politische Mode heißt auch, auf die Nachhaltigkeit der Produktionsmittel und Verfahren sowie den fairen Umgang mit Arbeitern zu achten«, so Paola Antonelli vom MoMA. Antonelli zitiert das Beispiel der amerikanischen Marke Everlane, die eine Politik der »radikalen Transparenz« verfolgt. Bei jedem Artikel werden die tatsächlichen Produktionskosten angezeigt, das heißt, die Höhe der Materialkosten, wieviel an die Arbeiter gezahlt und wieviel für Transport und chemische Behandlung ausgegeben wird. Mit anderen Worten, die »gesell-schaftliche Hieroglyphe«, wie Karl Marx den Wert einer Ware in »Das Kapital« beschreibt, wird hier für den Kunden entziffert. Im phantasmagorischen System der Konsumgesellschaft ein wahrhaft politischer Akt. Auch, dass Marken wie Patagonia oder Nudie Jeans einen Reparaturservice in ihren Läden anbieten, erlaubt Kunden, Nachhaltigkeit zu praktizieren. Das Problem bei diesen Formen von politisch motiviertem Konsum ist immer, dass er die Last der Verantwortung dem Konsumenten aufbürdet. Die Politik dagegen, die mit Gesetzen so viel mehr erreichen könnte, wird freigesprochen. Politischer Konsum will uns darin erziehen, ein guter Mensch zu sein beziehungsweise uns daran erinnern, dass wir ja eigentlich gerne gute Menschen wären. Ähnlich wie bei *We should all be feminists* liegt die Betonung auf dem Konjunktiv. Wir sollten es sein, sind es aber nicht. Der Konjunktiv schafft Begehren. Begehren ist der Motor der Konsummaschine. Lacans *I desire therefore I am* wird unweigerlich zu Barbara Krugers *I shop therefore I am*. Wie schon gesagt, Begehren oder Nicht-Begehren ist ein potenziell radikaler Akt. Sich darüber klar zu werden, was wir begehren und warum, ist politisch.

Und so stehen wir denn da, mit all unseren Feststellungen, Idealen, Frustrationen und Verzweiflungsphantasien. *Die Katastrophe ist nicht, was kommt, sondern was ist* schallt uns jeden Tag aus den sozialen Netzwerken entgegen. Kim Kardashian, die Hohepriesterin der digitalen Hysterie, blickt uns sphinxartig aus unseren Bildschirmen entgegen, ihr Antlitz das Gesicht der Globalisierung – ein Amalgam aus Ethnizitäten vor dem Hintergrund ihres weißen Privilegs. Mit jedem Augenaufschlag konfrontiert sie uns mit dem Rätsel: *Wer bist du?* Konsum-Kapitalismus suggeriert uns, dass es auf diese Frage einfache Antworten gibt. Aber wir sind mehr als die Summe unserer Konsumprodukte. Wir sind, wie Aristoteles schon im 4. Jahrhundert vor Christus darlegte, politische Wesen. Jeder von uns ist ein *Zoon Politikon*. Militante Vorstellungen von Unabhängigkeit und Selbsteffizienz sind dem Untergang geweiht. Die Essenz unseres Miteinanders ist, dass wir uns missverstehen. Dass wir unsere verbale und nicht-verbale Kommunikation falsch deuten. Dazu gehört auch, dass wir die Botschaften – versteckt oder offensichtlich – die wir durch unsere Kleidung an unsere Umgebung senden, fehlinterpretieren. Aber darin liegt nicht das Problem. Missverständnisse sind zwar ärgerlich, aber kein Grund zur Entrüstung. Probleme entstehen erst, wenn wir – wie Scottie in »Vertigo« – alles kontrollieren und keine Fehlinterpretationen beziehungsweise Missverständnisse mehr zulassen wollen. Wenn wir zu viel Betonung auf Eindeutigkeit setzen. Wenn wir jede Verletzung der Eindeutigkeit als Angriff verstehen und sofort in Bestrafungsmechanismen verfallen. Auch wenn es nicht zur heutigen Empörungskultur passt: Die Ambivalenz ist die Essenz des menschlichen Daseins, und sie ist auch die Essenz der Mode. Genau das macht das Leben so schön – und diese Schönheit gilt es auszuhalten.

DANK

Constanze Neumann
Christian Werner
Oliver Hirschbiegel
Malakoff Kowalski
Bart van der Heide
Rhidian Davis
Esra Aydin
Elena DelCarlo
Eric Cohen
Fabio Perrone
Mark Filatov
Sonya Li
Maria Köpf
Casey Spooner
Steffi Czerny
Friederike Schilbach